# ROND DE WERELD IN 100 RIJSTKOMMEN

Proef de diversiteit van de wereld, 1 kom per keer, met geïnspireerde recepten uit alle hoeken van de wereld

Floor Post

Auteursrechtelijk materiaal ©2024

Alle rechten voorbehouden
Geen enkel deel van dit boek mag in welke vorm of op welke manier dan ook worden gebruikt of overgedragen zonder de juiste schriftelijke toestemming van de uitgever en eigenaar van het auteursrecht, met uitzondering van korte citaten die in een recensie worden gebruikt. Dit boek mag niet worden beschouwd als vervanging voor medisch, juridisch of ander professioneel advies.

# INHOUDSOPGAVE

**INHOUDSOPGAVE** ................................................................................. **3**
**INVOERING** ........................................................................................... **6**
**JAPANSE RIJSTKOMMEN** ................................................................... **7**
   1. Paddestoel Tempura Rijstkom ............................................................ 8
   2. Rijstkom met courgette en gemarineerde komkommer ..................... 10
   3. Biefstuk Donburi Bowl ..................................................................... 12
   4. Ikura Don Bowl ................................................................................ 14
   5. Japanse varkenskoteletkom ............................................................. 16
   6. Japanse lente-ui rijstkom ................................................................. 18
   7. Komkommer Sunomono .................................................................. 20
   8. Tofu Hiyayakko ................................................................................ 22
   9. Japanse ontbijtpapkom .................................................................... 24
   10. Japanse Tataki-broodjes met rundvlees ......................................... 26
   11. Pannenkoeken Dorayaki ................................................................. 28
   12. Tamagoyaki-scramble .................................................................... 30
   13. Kip Ramen ...................................................................................... 33
   14. Japanse roerei- en rijstkom ............................................................ 35
   15. Japanse Tonkutsu Rijstkom ............................................................ 37
   16. Japanse rijstkom met bieslook en sesam ....................................... 39
   17. Japanse rijstkom met rundvlees ..................................................... 41
   18. Japanse Sashimi- kom .................................................................... 43
   19. Japanse Gegrilde Varkensvleeskom .............................................. 45
   20. Japanse rijstkom met lente-ui- rundvlees ...................................... 47
   21. Japanse garnalenkom .................................................................... 49
   22. Japanse ui en rundvleesrijst Bento ................................................ 51
**CHINESE RIJSTKOMMEN** ................................................................. **53**
   23. Chinese kip gebakken rijst ............................................................. 54
   24. Pittige groentekom ......................................................................... 57
   25. Chinese gemalen kalkoenkom ....................................................... 59
   26. Recept voor rijstkommen met gehakt ............................................ 61
   27. Krokante rijstkom ........................................................................... 63
   28. Hartige kleverige rijstkom ............................................................. 65
   29. Hoisin rundvleeskom ..................................................................... 67
   30. Rijstkom met varkensvlees en gember .......................................... 69
   31. Recept voor Vegan Poke Bowl met Sesamsaus ............................ 71
   32. Chili Kip Rijstkom ........................................................................... 73
   33. Tofu Boeddha Bowl ....................................................................... 75
   34. Dan Rijstkom .................................................................................. 77
   35. Gemalen kip rijstkom ..................................................................... 79
   36. Citroen Noedelkom ........................................................................ 81
   37. Knoflook en soja kip rijstkom ........................................................ 83

## KOREAANSE RIJSTKOMMEN ............................................................................. 85
38. KOREAANSE RIJSTKOM MET GEGRILDE VIS ...................................................86
39. KOREAANSE ST 1 POT RIJSTKOM ..................................................................88
40. KOREAANSE SASHIMI RIJSTKOM ....................................................................90
41. KOREAANSE SUSHI RIJSTKOMMEN ................................................................92
42. KOREAANSE KIPRIJSTKOM ..............................................................................94
43. KOREAANSE RUNDVLEESWORSTKOM .............................................................96
44. KOREAANSE GARNALEN DONBURI BOWL ......................................................98
45. KOREAANSE BLOEMKOOLRIJSTKOM ............................................................100
46. KOREAANSE BBQ- KIPKOM ............................................................................102
47. KOREAANSE PITTIGE RIJSTKOM MET RUNDVLEES ......................................104

## VIETNAMESE RIJSTKOMMEN ...................................................................... 106
48. BANH MI RIJSTKOM ........................................................................................107
49. RUNDVLEES EN KROKANTE RIJST .................................................................109
50. RIJSTKOM MET KIP EN SIRARCHA .................................................................111
51. CITROENGRAS RUNDVLEES NOEDELKOM ....................................................113
52. GEGLAZUURDE KIPRIJSTKOM ........................................................................115
53. RECEPT VOOR KNOFLOOK-GARNALENVERMICELLI ....................................117
54. KIP DUMPLING NOEDELKOM ........................................................................119
55. KIP RIJSTKOM .................................................................................................121
56. PITTIGE RUNDVLEES RIJSTKOM ....................................................................123
57. GEKARAMELISEERDE KIPPENKOM ................................................................125

## INDISCHE RIJSTKOMMEN ............................................................................ 127
58. KIP TIKKA RIJSTKOM ......................................................................................128
59. CURRIED BRUINE RIJSTKOM ..........................................................................130
60. KAAS RIJSTKOM .............................................................................................132
61. INDIASE RIJSTKOM MET SCHAPENVLEESCURRY .........................................134
62. INDIASE ROMIGE CURRYKOM .......................................................................136
63. INDIASE CITROEN RIJSTKOM ........................................................................138
64. INDIASE BLOEMKOOL BOEDDHA BOWL ......................................................140
65. INDIASE GEGRILDE LINZENKOM ..................................................................142
66. INDIASE RIJSTKOM MET KIP .........................................................................144
67. INDIASE RODE RIJSTKOM ..............................................................................146
68. RIJSTKOM MET KOKOSRUNDVLEES .............................................................148
69. TANDOORI KIPPENKOM ................................................................................150
70. KURKUMA PANEER EN RIJSTKOM ................................................................152
71. PANEER CURRYKOM ......................................................................................154
72. -KOM MET KIKKERERWTEN ..........................................................................156

## THAISE RIJSTKOMMEN ................................................................................ 158
73. ZALM BOEDDHA BOWL .................................................................................159
74. GEKRUIDE BRUINE RIJSTKOM .......................................................................161
75. PINDA GARNALEN KOMMEN ........................................................................163
76. BASILICUM RUNDVLEESKOM .......................................................................165

77. Kokos Umami- kom ..................................................................167
78. Tonijn Power Bowl ..................................................................169
79. Mango- noedelkom ..................................................................171
80. Noedelkom met pinda's en courgette ..........................................173
81. Pittige garnalenkom ..................................................................175
82. Curry Rijstkom ..........................................................................177
83. Rijstkom met varkensvlees ........................................................179
84. Zoete Aardappel Boeddha Bowl ................................................181
85. Kipsaté Bowl .............................................................................183
86. Roerbakkip en maïs ..................................................................185

## SUSHI-KOMMEN .......................................................................... 187

87. Gedeconstrueerde California Roll Sushi Bowl ............................188
88. Gedeconstrueerde Pittige Tonijn Sushi Bowl .............................190
89. Gedeconstrueerde Dragon Roll Sushi Bowl ...............................192
90. Gedeconstrueerde Pittige Zalm Sushi Bowl ...............................194
91. Gedeconstrueerde Rainbow Roll Sushi Bowl .............................196
92. Gedeconstrueerde Garnalen Tempura Sushi Bowl ....................198
93. Pittige tonijn- en radijssushikom .................................................200
94. Sushi Bowl met gerookte zalm en asperges ..............................202
95. Gedeconstrueerde Philly Roll Sushi Bowl ..................................204
96. Gedeconstrueerde Dynamite Roll Sushi Bowl ............................206
97. Gedeconstrueerde Veggie Roll Sushi Bowl ................................208
98. Gerookte Makreel Chirashi ........................................................210
99. Oyakodo (zalm en zalmkuit) ......................................................212
100. Pittige Kreeft Sushi Bowl ..........................................................214

## CONCLUSIE ................................................................................ 216

# INVOERING

Welkom bij 'Rond de wereld in 100 rijstkommen', een culinaire reis die belooft je smaakpapillen te prikkelen en je mee te nemen naar exotische bestemmingen door de magie van eten. Rijst, een basisingrediënt waar culturen over de hele wereld van genieten, dient als basis voor een scala aan heerlijke gerechten die de diverse smaken en tradities van verschillende landen weerspiegelen.

In dit boek begin je aan een smaakvol avontuur dat het rijke aanbod van de mondiale keuken viert, 1 rijstkom per keer. Van de drukke straten van Tokio tot de levendige markten van Marrakech, elk recept is geïnspireerd op het unieke culinaire erfgoed van de betreffende regio en biedt een kijkje in de culturele tradities en culinaire technieken die elke bestemming bepalen.

Bereid je voor op een culinaire reis als geen ander terwijl je de levendige smaken van Azië, de gedurfde kruiden van het Midden-Oosten, de geruststellende klassiekers van Europa en de vurige favorieten van Latijns-Amerika verkent. Of je nu zin hebt in een geruststellend kommetje risotto, een pittige Thaise curry of een geurige biryani, 'Rond de wereld in 100 rijstkommen' heeft voor elk wat wils1.

Ga met ons mee terwijl we de wereld rondreizen door de universele taal van eten en de diversiteit aan smaken, ingrediënten en kookstijlen vieren die elke keuken uniek maken. Met eenvoudig te volgen recepten, handige tips en verbluffende fotografie die de essentie van elk gerecht vastlegt, is dit boek jouw paspoort naar culinair avontuur.

Dus pak je eetstokjes, vork of lepel en bereid je voor op een smaakreis die je smaakpapillen zal verruimen en je culinaire creativiteit zal inspireren. Van het vertrouwde comfort van thuis tot de exotische smaken van verre landen: 'ROND DE WERELD IN 100 RIJSTKOMMEN' nodigt je uit om de diversiteit van de wereld te proeven, 1 kom per keer.

# JAPANSE RIJSTKOMMEN

# 1. Paddestoel Tempura Rijstkom

**INGREDIËNTEN:**
- 1 pond bevroren champignontempura
- 2 kopjes bruine rijst
- 1 kopje bakolie
- 1 kopje tempurasaus
- 2 kopjes water
- Zout naar smaak
- Zwarte peper naar smaak

**INSTRUCTIES:**
1. Neem een sauspan.
2. Voeg het water toe aan de pan.
3. Voeg de bruine rijst toe en kook ongeveer tien minuten goed.
4. Verhit een koekenpan.
5. Voeg de olie toe aan de koekenpan.
6. Kook de bevroren tempura goudbruin.
7. Schenk uit wanneer d1.
8. Voeg bruine rijst toe aan een kom.
9. Voeg de bereide tempura en tempurasaus toe.
10. Je gerecht is klaar om geserveerd te worden.

## 2. Rijstkom met courgette en gemarineerde komkommer

## INGREDIËNTEN:
- 1 kop gekookte courgettestukjes
- 1 fijngesneden gemarineerde komkommer
- 2 kopjes bruine rijst
- 1 kopje pittige mayonaise
- 1 kopje komkommer
- 2 eetlepels ingelegde gember
- 1 eetlepel rijstazijn
- 1 eetlepel sesamzaad
- 2 kopjes water
- Zout naar smaak
- Zwarte peper naar smaak
- 2 eetlepels sojasaus
- 1 theelepel geperste knoflook

## INSTRUCTIES:
1. Neem een sauspan.
2. Voeg het water toe aan de pan.
3. Voeg de bruine rijst toe en kook ongeveer tien minuten goed.
4. Voeg de rest van de ingrediënten toe in een kom.
5. Meng de ingrediënten goed.
6. Voeg bruine rijst toe aan een kom.
7. Voeg de groenten toe.
8. Besprenkel de bereide saus erover.
9. Uw gerecht is klaar om geserveerd te worden.

## 3. Biefstuk Donburi Bowl

**INGREDIËNTEN:**
- 2 theelepels rijstwijn
- 1 theelepel kristalsuiker
- 1/4 theelepel mirinpasta
- Zwarte peper
- Zout
- 1 eetlepel gehakte gember
- 1 eetlepel lichte sojasaus
- 1/2 kop fijngehakte lente-uitjes
- 2 theelepels sesamolie
- 4 theelepels donkere sojasaus
- 2 kopjes biefstukstukjes
- 2 kopjes rijst
- 2 kopjes water

**INSTRUCTIES:**
1. Neem een grote pan.
2. Verhit de olie in een pan en doe de stukken biefstuk erin.
3. Kook het tot ze knapperig en goudbruin van kleur worden.
4. Voeg de gehakte gember toe aan de pan.
5. Voeg de rijstwijn toe in de pan.
6. Kook het mengsel ongeveer tien minuten goed totdat ze geroosterd zijn.
7. Voeg suiker, mirinpasta, donkere sojasaus, oestersaus, lichte sojasaus, zwarte peper en zout toe aan de pan.
8. Kook de ingrediënten ongeveer vijftien minuten goed.
9. Neem een sauspan.
10. Voeg het water toe aan de pan.
11. Voeg de rijst toe en kook ongeveer tien minuten goed.
12. Doe de rijst in kommen.
13. Voeg het gekookte mengsel erbovenop toe.
14. Je gerecht is klaar om geserveerd te worden.

## 4.Ikura Don Bowl

**INGREDIËNTEN:**
- 1 kopje edamame
- 1 gehakte wortel
- 2 kopjes rijst
- 2 kopjes gesneden avocado
- 1 kop pittige srirachasaus
- 1 kopje komkommer
- 2 eetlepels mirin
- 1 kopje ikura don
- 2 eetlepels gember
- 1 kopje geraspte nori-vellen
- 1 eetlepel rijstazijn
- 2 kopjes water
- Zout naar smaak
- Zwarte peper naar smaak
- 2 eetlepels lichte sojasaus
- 2 eetlepels donkere sojasaus
- 1 theelepel geperste knoflook

**INSTRUCTIES:**
1. Neem een sauspan.
2. Voeg het water toe aan de pan.
3. Voeg de rijst toe en kook ongeveer tien minuten goed.
4. Voeg de rest van de ingrediënten toe in een kom.
5. Meng de ingrediënten goed.
6. Voeg bruine rijst toe aan een kom.
7. Voeg de groenten en ikura toe.
8. Besprenkel de bereide saus erover.
9. Uw gerecht is klaar om geserveerd te worden.

## 5.Japanse varkenskoteletkom

## INGREDIËNTEN:
- 2 kopjes rijst
- 1 kopje wasabi
- 1 eetlepel Japanse kruiden
- 1 eetlepel sesamzaad
- 1 kopje varkensgehakt
- 2 eetlepels maizena
- 1/2 kopje broodkruimels
- 2 kopjes water
- Zout naar smaak
- Zwarte peper naar smaak
- 1 kopje bakolie
- 1 eetlepel sojasaus

## INSTRUCTIES:
1. Neem een sauspan.
2. Voeg het water toe aan de pan.
3. Voeg de rijst toe en kook ongeveer tien minuten goed.
4. Neem een kom.
5. Voeg de Japanse kruiden, het varkensvlees en het maizena toe.
6. Meng goed en vorm 2 grote schnitzels.
7. Bestrijk het met broodkruimels.
8. Frituur de schnitzels ongeveer tien minuten.
9. Meng de ingrediënten goed.
10. Voeg bruine rijst toe aan een kom.
11. Voeg de schnitzels toe aan de rijst.
12. Voeg de rest van de ingrediënten erbovenop toe.
13. Je gerecht is klaar om geserveerd te worden.

# 6.Japanse lente-ui rijstkom

## INGREDIËNTEN:
- 2 kopjes gesneden lente-uitjes
- 1 eetlepel mirin
- 2 kopjes bruine rijst
- 2 eetlepels Worcestershiresaus
- 1 eetlepel bakolie
- 1 kopje tahinisaus
- 2 kopjes water
- Zout naar smaak
- Zwarte peper naar smaak
- 2 eetlepels sojasaus
- 1 theelepel suiker
- 1 theelepel geperste knoflook

## INSTRUCTIES:
1. Neem een sauspan.
2. Voeg het water toe aan de pan.
3. Voeg de bruine rijst toe en kook ongeveer tien minuten goed.
4. Voeg de rest van de gedroogde ingrediënten toe in een kom.
5. Meng de ingrediënten goed.
6. Verhit een pan.
7. Voeg de lente-uitjes toe aan de pan.
8. Kook de bosuitjes goed.
9. Schenk uit wanneer d1.
10. Voeg bruine rijst toe aan een kom.
11. Voeg de lente-uitjes toe.
12. Je gerecht is klaar om geserveerd te worden.

# 7.Komkommer Sunomono

**INGREDIËNTEN:**
- 1 theelepel zout
- 1 ½ theelepel gemberwortel
- ⅓ kopje rijstazijn
- 4 theelepels witte suiker
- 2 grote komkommers, geschild

**INSTRUCTIES:**
1. Komkommers moeten in de lengte in 1/2 worden gedeeld en eventuele grote zaden moeten worden uitgeschept.
2. Snij kruiselings in zeer kleine stukjes.
3. Combineer de azijn, het zetmeel, het zout en de kruiden in een ondiepe kop. Goed mengen.
4. Doe de komkommers in de beker en draai ze rond zodat ze gelijkmatig met de oplossing bedekt zijn.
5. Zet de komkommerschotel vóór het eten minimaal 1 uur in de koelkast.

# 8. Tofu Hiyayakko

**INGREDIËNTEN:**
- 1 snufje bonitoschaafsel
- 1 snufje geroosterde sesamzaadjes
- 1 ½ theelepel verse gemberwortel
- ¼ theelepel groene ui
- 1 eetlepel sojasaus
- ½ theelepel water
- ¼ (12 ounces) pakket zijden tofu
- ½ theelepel dashikorrels
- 1 theelepel witte suiker

**INSTRUCTIES:**
1. Meng in een ondiepe kom de suiker, dashikorrels, sojasaus en water als de suiker is opgelost.
2. Leg de tofu op een schaaltje en bedek deze met groene ui, gember en bonitokorrels.
3. Strooi de sojacombinatie erover en bestrooi met sesamzaadjes.

## 9.Japanse ontbijtpapkom

**INGREDIËNTEN:**
- 20 gram stevig
- Water voor de gewenste consistentie
- 1 eetlepel edelgist
- ¼ van een kleine avocado
- 20 g ronde bruine rijst (droog)
- 1 norivel, versnipperd
- 1 theelepel misopasta
- ½ kopje gehakte prei
- 20 gram havermout

**OM TE GARNEREN**
- Sesam zaden
- Paprika poeder

**INSTRUCTIES:**
1. Begin met het afgieten van bruine rijst. Wassen en schoonmaken.
2. Doe de havervlokken 's ochtends in een ondiepe pan voordat je de pap gaat bereiden en voeg dan voldoende heet water toe om ze te vullen. Zet gewoon opzij.
3. Je kunt de noripapieren met je handpalmen scheuren of ze met messen snijden.
4. Kook vervolgens de geweekte rijst en de gesneden prei in een koekenpan met water op kamertemperatuur tot de rijst gaar is, ongeveer tien minuten.
5. Schakel de verwarming uit. Meng vervolgens de wekende gerolde haver erdoor en voeg het juiste kokende water toe.
6. Combineer vervolgens wat vloeistof met misopasta en wissel de zaken af met gescheurd noripapier en edelgist door het mengsel.
7. Voeg indien nodig opnieuw een beetje water toe.

# 10.Japanse Tataki-broodjes met rundvlees

**INGREDIËNTEN:**
- 2 theelepel sesamzaadjes
- Grote bos koriander
- 1 groen
- 2 rode pepers
- ¼ Chinese kool
- 1 wortel
- 1 pond rundvleesfilet
- 1 eetlepel sesamolie
- 1 theelepel suiker
- 4 eetlepels sojasaus
- 1 eetlepel neutrale olie

**INSTRUCTIES:**
1. Verwarm een koekenpan met anti-aanbaklaag of plaatstaal op middelmatige temperatuur tot deze gloeiend heet is.
2. Braad de ossenhaas gedurende 40 seconden aan beide kanten aan, nadat u deze met de neutrale spray hebt bestreken.
3. Meng de sesamolie, sojasaus en glucose in een klein kopje en klop tot de suiker is gesmolten.
4. Breng 2 eetlepels kruiden over op het vlees en wrijf het erop.
5. Bewaar de resterende dressing voor vandaag.
6. Zet het vlees minstens een uur in de koelkast nadat u het in blije tape hebt gewikkeld.
7. Snij de nappasla, de kool, de lente-uitjes en de rode chili in dunne plakjes.
8. Snijd het rundvlees fijn en plaats een portie van elke groente in het midden.
9. Strooi een beetje coating op elke rol voordat u deze voorzichtig oprolt.
10. Serveer warm met sesamzaadjes.

## 11.Pannenkoeken Dorayaki

**INGREDIËNTEN:**
- Plantaardige olie
- ½ kopje rode bonenpasta
- 2 eetlepel mirin of ahornsiroop
- ¼ theelepel sojasaus
- ½ kopje gezeefd cakemeel
- 2 theelepel bakpoeder
- ⅓ kopje sojamelk
- 2 eetlepels poedersuiker

**INSTRUCTIES:**
1. Meng de bloem, poedersuiker en maizena in een grote kop.
2. Voeg de ahornsiroop, sojamelk en sojasaus toe aan een ander gerecht.
3. Om een heerlijk mengsel te vormen, laat u het gedroogde mengsel in de natte 1 vallen en meng.
4. Het is niet de bedoeling dat het zo compact is, maar het moet klein genoeg zijn om te kunnen gieten. Laat alles tien minuten staan.
5. Giet een kleine hoeveelheid olie in een pan of pot met antiaanbaklaag en verwarm deze op een matig vuur.
6. Gebruik een handdoek om de olie gelijkmatig te verdelen. Je wilt gewoon een klein beetje om de pannenkoeken te verduisteren, maar niet om eraan vast te plakken.
7. Zet het vuur middelhoog en schep ongeveer 2 eetlepels beslag in de ronde vorm zoals je kunt vinden op de antiaanbakplaat.
8. Je moet ze allemaal ongeveer hetzelfde aantal hebben.
9. Verwarm ongeveer 2 minuten met de eerste hand, er kunnen belletjes op de rand ontstaan en de zijkanten zullen heel gemakkelijk gaar worden.
10. Draai en verwarm nog ongeveer 1 minuut aan de andere kant.
11. Laat je taarten enkele minuten afkoelen en voeg dan een klodder Anko, de bonenpasta, aan elk ervan toe.
12. Om de Dorayaki te maken, bedek je hem met een croissant en stapel je hem allemaal op elkaar.
13. Serveer met een scheutje poedersuiker of roomkaas of in blokjes gesneden aardbeien met amandel.

## 12.Tamagoyaki-scramble

**INGREDIËNTEN:**
- ¼ theelepel zwart zout
- peper naar smaak
- 2 theelepel suiker (10 g)
- ⅛ theelepel bakpoeder
- ½ theelepel kombu dashi
- 2 theelepel mirin (10 g)
- 1 vel yuba
- 3 eetlepels vloeistof naar keuze
- 1 theelepel sojasaus
- ¼ kopje zijden tofu (60 g)
- Garneer
- Lente-ui
- Sesam zaden
- Kizami nori
- Sojasaus
- Optioneel
- 1 eetlepel veganistische kewpie-mayo
- Snufje kurkuma
- 2 theelepels voedingsgist (8 g)

**INSTRUCTIES:**
1. Hydrateren in warm water gedurende 3-5 minuten, droge yuba.
2. Scheur de yuba in kleinere stukken, ongeveer zo groot als een vuist.
3. Meng sojamelk, zijden tofu, mirin, sojasaus, rijst, dashi, suiker en bakpoeder grondig door elkaar.
4. Dit wordt het eimengsel, dat ook schudt.
5. Verwarm een kom op middelhoog vuur en voeg olie of vegetarische boter toe.
6. Voeg de zijden tofu toe en leg het yuba-spul erop. Laat het ongeveer 2 minuten koken voordat u het aanraakt.
7. Gebruik lepels of een spatel totdat de zijkanten er gebakken uitzien en duw de zijkanten vervolgens naar het midden.
8. Zet het vuur lager en laat nog eens dertig seconden sudderen, waarbij u het eimengsel om de paar minuten in de juiste textuur beweegt.
9. Knijp met je vingertoppen het zwarte zout op de rand.
10. Haal het uit de oven en eet het op de zijkanten of over de pasta.

## 13.Kip Ramen

**INGREDIËNTEN:**
- 2 pakjes ramennoedels
- Verse plakjes jalapeño
- 2 grote eieren
- ½ kopje lente-uitjes
- 2 kipfilets
- 1 ons. Shitake-paddenstoelen
- 1-2 theelepel zeezout, naar smaak
- Kosjer zout
- 2 eetlepel mirin
- 4 kopjes rijke kippenbouillon
- Zwarte peper
- 3 theelepels verse knoflook
- 3 eetlepels sojasaus
- 2 theelepel sesamolie
- 2 theelepel verse gember
- 1 eetlepel ongezouten boter

**INSTRUCTIES:**
1. Verwarm de oven voor op 375 graden Fahrenheit.
2. Bestrooi de kip met zout en peper.
3. Verhit de olie in een grote ovenbestendige pan op middelhoog vuur.
4. Kook de kip met de velzijde opengesneden.
5. Braad twintig minuten in de oven met de pan.
6. Voeg de olie in een grote pan op een matig vuur toe tot deze glinstert.
7. Breng de bouillon aan de kook, afgedekt, voordat u de gedroogde champignons toevoegt.
8. Om het zachtgekookte eiwit te maken, kookt u eerst de eieren in gezouten water.
9. Snijd ondertussen de groene ui en de jalapeno in plakjes.
10. Gebruik vervolgens een scherp mes en snijd de kip in dunne plakjes.
11. Kook gedurende 3 minuten, tot de noedels gaar zijn, en verdeel ze vervolgens over 2 grote kommen.
12. Meng de gesneden kip en ramenbouillon in een grote mengkom.
13. Kleine groene ui, jalapeno en een zacht gekookt ei gaan op de rand. Serveer meteen.

## 14.Japanse roerei- en rijstkom

## INGREDIËNTEN:
- 4 eieren
- 1 eetlepel mirin
- 2 kopjes bruine rijst
- 2 eetlepels Worcestershiresaus
- 1 eetlepel bakolie
- 1 kopje tahinisaus
- 2 kopjes water
- Zout naar smaak
- Zwarte peper naar smaak
- 2 eetlepels sojasaus
- 1 theelepel suiker
- 1 theelepel geperste knoflook

## INSTRUCTIES:
1. Neem een sauspan.
2. Voeg het water toe aan de pan.
3. Voeg de bruine rijst toe en kook ongeveer tien minuten goed.
4. Voeg de rest van de ingrediënten toe in een kom.
5. Meng de ingrediënten goed.
6. Verhit een koekenpan.
7. Voeg het eimengsel en de olie toe aan de koekenpan.
8. Kook het ei goed.
9. Roer het mengsel door elkaar en kook het vijf tot zeven minuten.
10. Uitdelen wanneer d1.
11. Voeg bruine rijst toe aan een kom.
12. Voeg het roerei erbovenop toe.
13. Je gerecht is klaar om geserveerd te worden.

## 15. Japanse Tonkutsu Rijstkom

**INGREDIËNTEN:**
- 2 kopjes tonkatsu (varkensvlees)
- 2 eetlepels Japanse vijfkruiden
- 1 theelepel rode chilipeper
- Een snufje zwarte peper
- Een snufje zout
- 1 ei
- Enkele druppels water
- 2 kopjes bloem voor alle doeleinden
- Kokende olie
- 1 kopje tonkatsu-saus
- 1 kopje bruine rijst
- 2 kopjes water

**INSTRUCTIES:**
1. Neem een grote kom.
2. Voeg het ei en het water toe.
3. Klop de eieren goed.
4. Voeg de bloem toe aan het mengsel.
5. Voeg nu alle overige ingrediënten 1 voor 1 toe, behalve de bakolie.
6. Meng het beslag goed.
7. Neem een grote pan.
8. Verhit de olie en bak het beslag.
9. Schenk de ingrediënten uit.
10. Neem een sauspan.
11. Voeg het water toe aan de pan.
12. Voeg de bruine rijst toe en kook ongeveer tien minuten goed.
13. Voeg bruine rijst toe aan een kom.
14. Voeg de tonkotsu en saus toe.
15. Je gerecht is klaar om geserveerd te worden.

# 16.Japanse rijstkom met bieslook en sesam

**INGREDIËNTEN:**
- 2 kopjes bruine rijst
- 1 kopje gehakte bieslook
- 2 eetlepels ingelegde gember
- 1 eetlepel sesamzaad
- 2 kopjes water
- Zout naar smaak
- Zwarte peper naar smaak
- 2 eetlepels sojasaus
- 1 theelepel h1y
- 1 theelepel geperste knoflook

**INSTRUCTIES:**
1. Neem een sauspan.
2. Voeg het water toe aan de pan.
3. Voeg de bruine rijst toe en kook ongeveer tien minuten goed.
4. Neem een kleine kom.
5. Voeg de rest van de ingrediënten toe in de kom.
6. Meng de ingrediënten goed.
7. Voeg bruine rijst toe aan een kom.
8. Besprenkel de bereide saus erover.
9. Uw gerecht is klaar om geserveerd te worden.

## 17. Japanse rijstkom met rundvlees

**INGREDIËNTEN:**
- 1 pond rundvleesreepjes
- 1 eetlepel mirin
- 2 kopjes bruine rijst
- 2 eetlepels Worcestershiresaus
- 1 eetlepel bakolie
- 2 kopjes water
- Zout naar smaak
- Zwarte peper naar smaak
- 2 eetlepels sojasaus
- 1 theelepel suiker
- 1 theelepel geperste knoflook

**INSTRUCTIES:**
1. Neem een sauspan.
2. Voeg het water toe aan de pan.
3. Voeg de bruine rijst toe en kook ongeveer tien minuten goed.
4. Voeg de rest van de ingrediënten toe in een kom.
5. Meng de ingrediënten goed.
6. Verhit een koekenpan.
7. Voeg de rundvleesreepjes en olie toe aan de koekenpan.
8. Kook de rundvleesreepjes goed.
9. Schenk uit wanneer d1.
10. Voeg bruine rijst toe aan een kom.
11. Voeg het rundvleesmengsel erbovenop toe.
12. Je gerecht is klaar om geserveerd te worden.

# 18. Japanse Sashimi- kom

**INGREDIËNTEN:**
- 2 kopjes rijst
- 1 kopje wasabi
- 1 eetlepel geraspte nori-vellen
- 1 eetlepel shisobladeren
- 1 eetlepel zalmkuit
- 2 kopjes water
- Zout naar smaak
- Zwarte peper naar smaak
- 1 kopje sashimi
- 1 eetlepel sojasaus

**INSTRUCTIES:**
1. Neem een sauspan.
2. Voeg het water toe aan de pan.
3. Voeg de rijst toe en kook ongeveer tien minuten goed.
4. Zet de sashimi-stukken ongeveer tien minuten in de magnetron.
5. Meng de ingrediënten goed.
6. Voeg bruine rijst toe aan een kom.
7. Voeg de sashimi erbovenop toe.
8. Voeg de rest van de ingrediënten er bovenop.
9. Uw gerecht is klaar om geserveerd te worden.

# 19.Japanse Gegrilde Varkensvleeskom

## INGREDIËNTEN:
- 1 pond varkensreepjes
- 1 eetlepel mirin
- 2 kopjes bruine rijst
- 2 eetlepels Worcestershiresaus
- 1 eetlepel bakolie
- 2 kopjes water
- Zout naar smaak
- Zwarte peper naar smaak
- 2 eetlepels sojasaus
- 1 theelepel suiker
- 1 theelepel geperste knoflook

## INSTRUCTIES:
1. Neem een sauspan.
2. Voeg het water toe aan de pan.
3. Voeg de bruine rijst toe en kook ongeveer tien minuten goed.
4. Voeg de rest van de gedroogde ingrediënten toe in een kom.
5. Meng de ingrediënten goed.
6. Verhit een grillpan.
7. Leg de varkensreepjes op de grillpan.
8. Gook de reepjes aan beide kanten goed gaar.
9. Schenk uit wanneer d1.
10. Voeg bruine rijst toe aan een kom.
11. Leg de varkensreepjes er bovenop.
12. Je gerecht is klaar om geserveerd te worden.

## 20. Japanse rijstkom met lente-ui- rundvlees

**INGREDIËNTEN:**
- 1 pond rundvleesreepjes
- 1 eetlepel mirin
- 1 kopje gesneden lente-uitjes
- 2 kopjes bruine rijst
- 2 eetlepels Worcestershiresaus
- 1 eetlepel bakolie
- 2 kopjes water
- Zout naar smaak
- Zwarte peper naar smaak
- 2 eetlepels sojasaus
- 1 theelepel suiker
- 1 theelepel geperste knoflook

**INSTRUCTIES:**
1. Neem een sauspan.
2. Voeg het water toe aan de pan.
3. Voeg de bruine rijst toe en kook ongeveer tien minuten goed.
4. Verhit een koekenpan.
5. Voeg de lente-uitjes en de olie toe aan de koekenpan.
6. Kook de bosuitjes goed.
7. Voeg het rundvlees, de knoflook en de rest van de ingrediënten toe aan de pan.
8. Kook goed.
9. Schenk uit wanneer d1.
10. Voeg bruine rijst toe aan een kom.
11. Voeg het mengsel van rundvlees en lente-ui toe.
12. Je gerecht is klaar om geserveerd te worden.

## 21.Japanse garnalenkom

## INGREDIËNTEN:
- 1 kopje edamame
- 1 gehakte wortel
- 2 kopjes rijst
- 2 kopjes gesneden avocado
- 1 kop pittige srirachasaus
- 1 kopje komkommer
- 2 eetlepels mirin
- 1 kopje gegrilde garnalen
- 2 eetlepels gember
- 1 kopje geraspte nori-vellen
- 1 eetlepel rijstazijn
- 2 kopjes water
- Zout naar smaak
- Zwarte peper naar smaak
- 2 eetlepels lichte sojasaus
- 2 eetlepels donkere sojasaus
- 1 theelepel geperste knoflook

## INSTRUCTIES:
1. Neem een sauspan.
2. Voeg het water toe aan de pan.
3. Voeg de rijst toe en kook ongeveer tien minuten goed.
4. Voeg de rest van de ingrediënten toe in een kom.
5. Meng de ingrediënten goed.
6. Voeg bruine rijst toe aan een kom.
7. Voeg de groenten en garnalen toe.
8. Besprenkel de bereide saus erover.
9. Uw gerecht is klaar om geserveerd te worden.

## 22.Japanse ui en rundvleesrijst Bento

**INGREDIËNTEN:**
- 1 kop rundergehakt
- 1 kopje gehakte ui
- 2 eieren
- 1 eetlepel mirin
- 2 kopjes rijst
- 2 eetlepels Worcestershiresaus
- 1 eetlepel bakolie
- 2 kopjes water
- Zout naar smaak
- Zwarte peper naar smaak
- 2 eetlepels sojasaus
- 1 theelepel bruine suiker
- 1 theelepel geperste knoflook
- 1 eetlepel koriander

**INSTRUCTIES:**
1. Neem een sauspan.
2. Voeg het water toe aan de pan.
3. Voeg de rijst toe en kook ongeveer tien minuten goed.
4. Verhit een koekenpan.
5. Voeg de olie toe aan de koekenpan.
6. Voeg uien toe aan de pan.
7. Kook goed en voeg dan de knoflook toe aan de pan.
8. Voeg het rundvlees toe aan de pan.
9. Kook tot het perfect gaar is.
10. Voeg alle kruiden toe aan de pan.
11. Kook de eieren in een andere pan.
12. Roer het mengsel door elkaar en serveer het.
13. Voeg rijst toe in een kom.
14. Voeg het rundvleesmengsel toe aan de rijst.
15. Giet het eimengsel erover.
16. Garneer met koriander er bovenop.
17. Je gerecht is klaar om geserveerd te worden.

# CHINESE RIJSTKOMMEN

## 23.Chinese kip gebakken rijst

**INGREDIËNTEN:**
- 1 eetlepel vissaus
- 1 eetlepel sojasaus
- 1/2 theelepel Chinese vijfkruiden
- 2 eetlepels chili-knoflooksaus
- 2 rode pepers
- 1 grote jalapeno
- 1/2 kopje gesneden groene uien
- 1 theelepel witte peperkorrels
- 1 theelepel verse gember
- 1/2 kopje verse korianderblaadjes
- 1/4 verse basilicumblaadjes
- 1 kopje kippenbouillon
- 1 theelepel gehakt citroengras
- 1 theelepel gehakte knoflook
- 2 eetlepels sesamolie
- 1 ei
- 1/2 kopje kip
- 2 kopjes gekookte bruine rijst

**INSTRUCTIES:**
1. Neem een wok.
2. Voeg het gehakte citroengras, de witte peperkorrels, de gehakte knoflook, de Chinese vijfkruiden, de rode pepers, de basilicumblaadjes en de gember toe aan de wok.
3. Voeg de stukken kip toe aan de pan.
4. Roerbak de stukjes kip.
5. Voeg de kippenbouillon en sauzen toe aan het wokmengsel.
6. Kook het gerecht gedurende tien minuten.
7. Voeg de gekookte bruine rijst toe aan het mengsel.
8. Meng de rijst goed en kook hem gedurende vijf minuten.
9. Meng alles door elkaar.
10. Voeg de koriander toe aan de schaal.
11. Meng de rijst en bak een paar minuten.
12. Doe de rijst in kommen.
13. Bak de eieren 1 voor 1.
14. Plaats het gebakken ei bovenop de kom.
15. Uw gerecht is klaar om geserveerd te worden.

## 24.Pittige groentekom

**INGREDIËNTEN:**
- 2 kopjes bruine rijst
- 1 kopje srirachasaus
- 1 kopje komkommer
- 2 eetlepels ingelegde radijs
- 1 eetlepel Sichuan-peper
- 1 eetlepel rijstazijn
- 1 kopje rode kool
- 1 kopje spruitjes
- 2 eetlepels geroosterde pinda's
- 2 kopjes water
- Zout naar smaak
- Zwarte peper naar smaak
- 2 eetlepels sojasaus
- 1 theelepel geperste knoflook

**INSTRUCTIES:**
1. Neem een sauspan.
2. Voeg het water toe aan de pan.
3. Voeg de bruine rijst toe en kook ongeveer tien minuten goed.
4. Kook de groenten in een pan.
5. Voeg Sichuan-peper en de rest van de kruiden en saus toe aan de pan.
6. Meng de ingrediënten goed.
7. Schenk uit wanneer d1.
8. Voeg bruine rijst toe aan een kom.
9. Voeg de groenten toe.
10. Uw gerecht is klaar om geserveerd te worden.

## 25.Chinese gemalen kalkoenkom

**INGREDIËNTEN:**
- 2 theelepels rijstwijn
- 1 theelepel kristalsuiker
- 1/4 theelepel Sichuan-peper
- 2 theelepels gehakte rode chili
- Zwarte peper
- Zout
- 1 eetlepel gehakte knoflook
- 1 eetlepel oestersaus
- 1 eetlepel lichte sojasaus
- 1/2 kop fijngehakte lente-uitjes
- 2 theelepels sesamolie
- 4 theelepels donkere sojasaus
- 2 kopjes gemalen kalkoen
- 2 kopjes gekookte rijst

**INSTRUCTIES:**
1. Neem een grote pan.
2. Verhit de olie in een pan en doe de kalkoen erin.
3. Voeg de gehakte knoflook toe aan de pan.
4. Voeg de rijstwijn toe in de pan.
5. Kook het mengsel ongeveer tien minuten goed totdat ze geroosterd zijn.
6. Voeg suiker, szechuanpeper, rode chilipeper, donkere sojasaus, oestersaus, lichte sojasaus, zwarte peper en zout toe aan de pan.
7. Kook de ingrediënten ongeveer vijftien minuten goed.
8. Voeg de rijst toe in 2 kommen.
9. Voeg het gekookte kalkoenmengsel er bovenop.
10. Je gerecht is klaar om geserveerd te worden.

## 26. Recept voor rijstkommen met gehakt

**INGREDIËNTEN:**
- 2 theelepels rijstwijn
- 1 theelepel basterdsuiker
- 1/4 theelepel Sichuan-peper
- 2 theelepels gehakte rode chili
- Zwarte peper
- Zout
- 1 eetlepel gehakte knoflook
- 1 eetlepel oestersaus
- 1 eetlepel lichte sojasaus
- 1/2 kop fijngehakte lente-uitjes
- 2 theelepels sesamolie
- 4 theelepels donkere sojasaus
- 2 kopjes rundergehakt
- 2 kopjes gekookte rijst

**INSTRUCTIES:**
1. Neem een grote pan.
2. Verhit de olie in een pan en doe het rundvlees erin.
3. Voeg de gehakte knoflook toe aan de pan.
4. Voeg de rijstwijn toe in de pan.
5. Kook het mengsel ongeveer tien minuten goed totdat ze geroosterd zijn.
6. Voeg basterdsuiker, szechuanpeper, rode chilipeper, donkere sojasaus, oestersaus, lichte sojasaus, zwarte peper en zout toe aan de pan.
7. Kook de ingrediënten ongeveer vijftien minuten goed.
8. Voeg de rijst toe in 2 kommen.
9. Voeg het gekookte rundvleesmengsel er bovenop.
10. Je gerecht is klaar om geserveerd te worden.

## 27.Krokante rijstkom

**INGREDIËNTEN:**
- 2 kopjes gekookte bruine rijst
- 1 kopje srirachasaus
- 1 eetlepel tamari
- 1 eetlepel rijstazijn
- Zout naar smaak
- Zwarte peper naar smaak
- 2 eetlepels sojasaus
- 1 theelepel geperste knoflook
- 2 eetlepels bakolie
- 1 kopje knapperige rijstdressing

**INSTRUCTIES:**
1. Voeg de olie toe in een pan.
2. Voeg gekookte rijst toe aan de pan.
3. Meng de rijst goed.
4. Laat het krokant worden.
5. Kook ongeveer tien minuten.
6. Neem een kleine kom.
7. Voeg de rest van de ingrediënten toe in de kom.
8. Meng de ingrediënten goed.
9. Voeg de knapperige rijst toe aan een kom.
10. Besprenkel de bereide saus erover.
11. Uw gerecht is klaar om geserveerd te worden.

## 28.Hartige kleverige rijstkom

**INGREDIËNTEN:**
- 1 eetlepel oestersaus
- 2 Chinese chilipepers
- 1 kopje lente-uitjes
- 1/2 eetlepel sojasaus
- 2 theelepels gehakte knoflook
- 3 eetlepels bakolie
- 1/2 kopje hete saus
- 2 kopjes gemengde groenten
- Zout indien nodig
- Gehakte verse koriander voor garnering
- 1 kopje worst
- 1 kop gekookte kleefrijst

**INSTRUCTIES:**
1. Neem een grote pan.
2. Voeg de bakolie toe aan de pan en verwarm deze.
3. Voeg de groenten en bosuitjes toe aan de pan en roerbak deze.
4. Voeg de worstjes toe en kook goed.
5. Voeg de gehakte knoflook toe aan de pan.
6. Voeg de sojasaus, vissaus, Chinese chilipepers, hete saus en de rest van de ingrediënten toe aan het mengsel.
7. Kook het gerecht gedurende tien minuten.
8. Schenk de ingrediënten uit.
9. Doe de kleefrijst in kommen.
10. Voeg het bereide mengsel erbovenop toe.
11. Garneer de kommen met gehakte verse korianderblaadjes.
12. Je gerecht is klaar om geserveerd te worden.

## 29. Hoisin rundvleeskom

**INGREDIËNTEN:**
- 2 kopjes bruine rijst
- 1 kopje hoisinsaus
- 1 eetlepel Sichuan-peper
- 1 eetlepel rijstazijn
- 2 kopjes rundvleesreepjes
- 2 kopjes water
- Zout naar smaak
- Zwarte peper naar smaak
- 2 eetlepels sojasaus
- 1 theelepel geperste knoflook

**INSTRUCTIES:**
1. Neem een sauspan.
2. Voeg het water toe aan de pan.
3. Voeg de bruine rijst toe en kook ongeveer tien minuten goed.
4. Gook de rundvleesreepjes in een pan.
5. Voeg de hoisinsaus en de rest van de kruiden en saus toe aan de pan.
6. Meng de ingrediënten goed.
7. Schenk uit wanneer d1.
8. Voeg bruine rijst toe aan een kom.
9. Voeg het rundvleesmengsel er bovenop.
10. Je gerecht is klaar om geserveerd te worden.

# 30.Rijstkom met varkensvlees en gember

## INGREDIËNTEN:
- 2 theelepels rijstwijn
- 1/4 theelepel Sichuan-peper
- Zwarte peper
- Zout
- 1 eetlepel gehakte gember
- 1 eetlepel oestersaus
- 1 eetlepel lichte sojasaus
- 2 theelepels sesamolie
- 4 theelepels donkere sojasaus
- 2 kopjes gemalen varkensvlees
- 2 kopjes gekookte rijst

## INSTRUCTIES:
1. Neem een grote pan.
2. Verhit de olie in een pan en doe het varkensvlees erin.
3. Voeg de gehakte gember toe aan de pan.
4. Voeg de rijstwijn toe in de pan.
5. Kook het mengsel ongeveer tien minuten goed totdat ze geroosterd zijn.
6. Voeg suiker, szechuanpeper, rode chilipeper, donkere sojasaus, oestersaus, lichte sojasaus, zwarte peper en zout toe aan de pan.
7. Kook de ingrediënten ongeveer vijftien minuten goed.
8. Voeg de rijst toe in 2 kommen.
9. Voeg het gekookte varkensvleesmengsel er bovenop.
10. Je gerecht is klaar om geserveerd te worden.

# 31.Recept voor Vegan Poke Bowl met Sesamsaus

## INGREDIËNTEN:
- 1 kopje edamame
- 1 gehakte wortel
- 2 kopjes rijst
- 2 kopjes gesneden avocado
- 1 kopje sesamsaus
- 1 kopje komkommer
- 1 kopje paarse kool
- 1 kop knapperige tofublokjes
- 2 eetlepels gember
- 1 eetlepel rijstazijn
- 2 kopjes water
- Zout naar smaak
- Zwarte peper naar smaak
- 2 eetlepels lichte sojasaus
- 2 eetlepels donkere sojasaus
- 1 theelepel geperste knoflook

## INSTRUCTIES:
1. Neem een sauspan.
2. Voeg het water toe aan de pan.
3. Voeg de rijst toe en kook ongeveer tien minuten goed.
4. Voeg de rest van de ingrediënten, behalve de sesamsaus, toe aan een kom.
5. Meng de ingrediënten goed.
6. Voeg bruine rijst toe aan een kom.
7. Voeg de groenten en tofu toe.
8. Sprenkel de sesamsaus erover.
9. Uw gerecht is klaar om geserveerd te worden.

## 32. Chili Kip Rijstkom

## INGREDIËNTEN:
- 1 theelepel witte peperkorrels
- 1 theelepel verse gember
- 1 eetlepel vissaus
- 1 eetlepel sojasaus
- 1/2 theelepel Chinese vijfkruiden
- 2 eetlepels chili-knoflooksaus
- 1 kopje Chinese rode chili
- 1 theelepel gehakt citroengras
- 1 theelepel gehakte knoflook
- 2 theelepels sesamolie
- 1 kop stukjes kip
- 2 kopjes gekookte rijst

## INSTRUCTIES:
1. Neem een wok.
2. Voeg het gehakte citroengras, de witte peperkorrels, de gehakte knoflook, de Chinese vijfkruiden, de rode pepers, de basilicumblaadjes en de gember toe aan de wok.
3. Neem een koekenpan met antiaanbaklaag.
4. Voeg de kip toe aan de pan.
5. Kook de ingrediënten en serveer ze.
6. Voeg de sauzen toe aan het wokmengsel.
7. Kook het gerecht gedurende tien minuten.
8. Voeg de kip toe en kook deze gedurende vijf minuten.
9. Meng de rest van de ingrediënten erin.
10. Kook het gerecht nog vijf minuten.
11. Doe de rijst in 2 kommen.
12. Voeg het kipmengsel erbovenop toe.
13. Je gerecht is klaar om geserveerd te worden.

## 33.Tofu Boeddha Bowl

**INGREDIËNTEN:**
- 1 eetlepel oestersaus
- 2 Chinese chilipepers
- 1 eetlepel vissaus
- 1/2 eetlepel sojasaus
- 2 theelepels gehakte knoflook
- 3 eetlepels bakolie
- 1/2 kopje hete saus
- 2 kopjes gemengde groenten
- 2 kopjes tofublokjes
- Zout indien nodig
- Gehakte verse koriander voor garnering
- 2 kopjes gekookte rijst
- 1 kop geroosterde pinda's
- 1 kopje boeddhadressing

**INSTRUCTIES:**
1. Neem een grote pan.
2. Voeg de bakolie toe aan de pan en verwarm deze.
3. Voeg de groenten en tofu toe aan de pan en roerbak deze.
4. Voeg de gehakte knoflook toe aan de pan.
5. Voeg de sojasaus, vissaus, Chinese chilipepers, hete saus en de rest van de ingrediënten toe aan het mengsel.
6. Kook het gerecht tien minuten en voeg wat water toe voor de curry.
7. Schep de ingrediënten uit.
8. Doe de rijst in kommen.
9. Voeg het bereide mengsel en de dressing toe.
10. Garneer de kommen met gehakte verse korianderblaadjes.
11. Uw gerecht is klaar om geserveerd te worden.

# 34. Dan Rijstkom

## INGREDIËNTEN:
- 1 kopje gemalen varkensvlees
- 1 eetlepel srirachasaus
- 1/2 kopje gehakte selderij
- 1/2 kopje gesneden groene uien
- 1 theelepel rijstwijn
- 1 theelepel verse gember
- 1 eetlepel sojasaus
- 1/2 theelepel Chinese vijfkruiden
- 1/2 kopje verse korianderblaadjes
- 1/2 kopje verse basilicumblaadjes
- 1 kopje runderbouillon
- 1 theelepel gehakte knoflook
- 2 eetlepels plantaardige olie
- 2 kopjes gekookte rijst

## INSTRUCTIES:
1. Neem een wok.
2. Voeg de kruiden toe aan de wok.
3. Voeg de runderbouillon en sauzen toe aan het wokmengsel.
4. Kook het gerecht gedurende tien minuten.
5. Voeg het varkensvlees toe aan het mengsel.
6. Meng het varkensvlees goed en kook het gedurende vijf minuten.
7. Kook de ingrediënten goed en meng ze met de rest van de ingrediënten.
8. Verminder de hitte van de kachel.
9. Voeg de droge noedels en het water toe in een aparte pan.
10. Doe de gekookte rijst in kommen.
11. Voeg het gekookte mengsel erbovenop toe.
12. Voeg de koriander erbovenop toe.
13. Je gerecht is klaar om geserveerd te worden.

## 35.Gemalen kip rijstkom

## INGREDIËNTEN:
- 2 theelepels rijstwijn
- 1 theelepel kristalsuiker
- 1/4 theelepel Sichuan-peper
- 2 theelepels gehakte rode chili
- Zwarte peper
- Zout
- 1 eetlepel gehakte knoflook
- 1 eetlepel oestersaus
- 1 eetlepel lichte sojasaus
- 1/2 kop fijngehakte lente-uitjes
- 2 theelepels sesamolie
- 4 theelepels donkere sojasaus
- 2 kopjes gemalen kip
- 2 kopjes gekookte rijst

## INSTRUCTIES:
1. Neem een grote pan.
2. Verhit de olie in een pan en doe de kip erin.
3. Voeg de gehakte knoflook toe aan de pan.
4. Voeg de rijstwijn toe in de pan.
5. Kook het mengsel ongeveer tien minuten goed totdat ze geroosterd zijn.
6. Voeg suiker, szechuanpeper, rode chilipeper, donkere sojasaus, oestersaus, lichte sojasaus, zwarte peper en zout toe aan de pan.
7. Kook de ingrediënten ongeveer vijftien minuten goed.
8. Voeg de rijst toe in 2 kommen.
9. Voeg het gekookte kipmengsel er bovenop.
10. Je gerecht is klaar om geserveerd te worden.

## 36.Citroen Noedelkom

**INGREDIËNTEN:**
- 1 kopje rijstnoedels
- 1/2 kopje citroensap
- 1 kopje ui
- 1 kopje water
- 2 eetlepels gehakte knoflook
- 2 eetlepels gehakte gember
- 1/2 kopje koriander
- 2 kopjes groenten
- 2 eetlepels olijfolie
- 1 kopje groentebouillon
- 1 kopje gehakte tomaten

**INSTRUCTIES:**
1. Neem een pan.
2. Voeg de olie en uien toe.
3. Kook de uien tot ze zacht en geurig worden.
4. Voeg de gehakte knoflook en gember toe.
5. Kook het mengsel en voeg de tomaten eraan toe.
6. Voeg de kruiden toe.
7. Voeg de rijstnoedels en het citroensap toe.
8. Meng de ingrediënten zorgvuldig en dek de pan af.
9. Voeg de groenten en de rest van de ingrediënten toe.
10. Kook gedurende tien minuten.
11. Verdeel het in 2 kommen.
12. Voeg koriander erbovenop toe.
13. Je gerecht is klaar om geserveerd te worden.

# 37.Knoflook en soja kip rijstkom

## INGREDIËNTEN:
- 2 theelepels rijstwijn
- 1 kopje soja
- 1/4 theelepel Sichuan-peper
- 2 theelepels gehakte rode chili
- Zwarte peper
- Zout
- 1 kop stukjes kip
- 1 eetlepel gehakte knoflook
- 2 eetlepels sesamolie
- 4 theelepels donkere sojasaus
- 2 kopjes gekookte rijst
- 2 eetlepels gehakte lente-ui

## INSTRUCTIES:
1. Neem een grote pan.
2. Verhit de olie in een pan.
3. Voeg de gehakte knoflook toe aan de pan.
4. Voeg de kip, rijstwijn en soja toe in de pan.
5. Kook het mengsel ongeveer tien minuten goed totdat ze geroosterd zijn.
6. Voeg Sichuan-peper, rode chilipeper, donkere sojasaus, zwarte peper en zout toe aan de pan.
7. Kook de ingrediënten ongeveer vijftien minuten goed.
8. Verdeel de rijst over 2 kommen.
9. Voeg het mengsel er bovenop.
10. Garneer het gerecht met gehakte lente-uitjes.
11. Je gerecht is klaar om geserveerd te worden.

# KOREAANSE RIJSTKOMMEN

## 38.Koreaanse rijstkom met gegrilde vis

## INGREDIËNTEN:
- 1 pond vis
- 2 kopjes rijst
- 2 eetlepels gochujang
- 1 eetlepel bakolie
- 2 kopjes water
- Zout naar smaak
- Zwarte peper naar smaak
- 2 eetlepels sojasaus
- 1 theelepel suiker
- 1 theelepel geperste knoflook

## INSTRUCTIES:
1. Neem een sauspan.
2. Voeg het water toe aan de pan.
3. Voeg de rijst toe en kook ongeveer tien minuten goed.
4. Voeg de rest van de gedroogde ingrediënten toe in een kom.
5. Meng de ingrediënten goed.
6. Verhit een grillpan.
7. Leg de vis op de grillpan.
8. Gook de vis aan beide kanten goed gaar.
9. Schenk uit wanneer d1.
10. Snijd de vis in plakjes.
11. Voeg rijst toe in een kom.
12. Leg de gesneden vis er bovenop.
13. Je gerecht is klaar om geserveerd te worden.

## 39.Koreaanse St 1 Pot Rijstkom

**INGREDIËNTEN:**
- 1 kopje champignons
- 1 gehakte wortel
- 2 kopjes gekookte rijst
- 1 kopje paksoi
- 1 eetlepel rijstazijn
- twee eetlepels gehakte korianderblaadjes
- 1 kop gekookte rundvleesreepjes
- Zout naar smaak
- Zwarte peper naar smaak
- 2 eetlepels gochujang bibimsaus
- 2 gebakken eieren

**INSTRUCTIES:**
1. Neem 2 kleine st1 potten.
2. Verdeel de rijst en gekookte groenten in de potten.
3. Voeg de rijstazijn toe en meng voorzichtig.
4. Bestrooi het met rundvlees, zout en peper.
5. Besprenkel de gochujang bibim-saus erover.
6. Garneer het gerecht met gehakte korianderblaadjes.
7. Uw gerecht is klaar om geserveerd te worden.

## 40.Koreaanse Sashimi Rijstkom

**INGREDIËNTEN:**
- 1 kopje visplakken van sashimi-kwaliteit
- 2 kopjes gekookte rijst
- 1 eetlepel gehakte lente-ui
- 1 eetlepel rijstazijn
- 1 kopje gemengde saladegroenten
- 1 kopje gochujangsaus
- 2 eetlepels wasabi
- Zout naar smaak
- Zwarte peper naar smaak
- 2 eetlepels sojasaus

**INSTRUCTIES:**
1. Neem 2 kommen.
2. Verdeel de rijst en groenten in beide kommen.
3. Voeg het zout, de peper, de rijstazijn, de wasabi en de sojasaus toe.
4. Leg de visplakken op de groenten.
5. Voeg de gochujangsaus erbovenop toe.
6. Garneer met gehakte lente-ui.
7. Uw gerecht is klaar om geserveerd te worden.

# 41. Koreaanse Sushi Rijstkommen

**INGREDIËNTEN:**
- 1 kop plakjes zalm
- 1 kopje tonijnplakken
- 2 kopjes gekookte rijst
- 1 eetlepel sesamzaad
- 2 Tobiko-eieren
- 1 eetlepel rijstazijn
- 1 kopje sushigroenten
- 1 kopje gochujangsaus
- Zout naar smaak
- Zwarte peper naar smaak
- 2 eetlepels sojasaus

**INSTRUCTIES:**
1. Neem 2 kommen.
2. Verdeel de rijst en sushigroenten in beide kommen.
3. Voeg het zout, de peper, de rijstazijn en de sojasaus toe.
4. Verwarm de plakjes tonijn en zalm in de magnetron.
5. Leg deze vleesplakken op de groenten.
6. Leg de tobiko-eieren apart.
7. Voeg de gochujangsaus erbovenop toe.
8. Garneer met sesamzaadjes.
9. Uw gerecht is klaar om geserveerd te worden.

## 42. Koreaanse kiprijstkom

**INGREDIËNTEN:**
- 2 theelepels gochujang
- 1/2 kopje sesamzaadjes
- 1 theelepel verse gember
- 1 eetlepel vissaus
- 1 eetlepel sojasaus
- Verse korianderblaadjes
- 2 kopjes gemalen kip
- 1 eetlepel gehakte lente-ui
- 2 kopjes kippenbouillon
- 1 theelepel maizena
- 1 theelepel gehakte knoflook
- 2 eetlepels sesamolie
- 2 kopjes rijst
- 2 kopjes water

**INSTRUCTIES:**
1. Neem een wok.
2. Voeg de olie, gehakte knoflook, gochujang en gember toe aan de wok.
3. Voeg de kippenbouillon en sauzen toe aan het wokmengsel.
4. Kook het gerecht gedurende tien minuten.
5. Voeg de gemalen kip toe aan het mengsel.
6. Voeg de rest van de ingrediënten toe en kook het geheel vijf minuten.
7. Verminder de hitte van de kachel.
8. Kook het gerecht nog vijf minuten.
9. Neem een sauspan.
10. Voeg het water toe aan de pan.
11. Voeg de rijst toe en kook ongeveer tien minuten goed.
12. Doe de rijst in kommen.
13. Voeg het gekookte mengsel erbovenop toe.
14. Voeg de lente-ui toe aan de schaal.
15. Je gerecht is klaar om geserveerd te worden.

## 43.Koreaanse Rundvleesworstkom

## INGREDIËNTEN:
- 2 theelepels gochujang
- 1/2 kopje sesamzaadjes
- 1 theelepel verse gember
- 1 eetlepel vissaus
- 1 eetlepel sojasaus
- Verse korianderblaadjes
- 2 kopjes Koreaanse runderworst
- 1 eetlepel gehakte lente-ui
- 1 theelepel maizena
- 1 theelepel gehakte knoflook
- 2 eetlepels sesamolie
- 2 kopjes rijst
- 2 kopjes water

## INSTRUCTIES:
1. Neem een wok.
2. Voeg de olie, gehakte knoflook, gochujang en gember toe aan de wok.
3. Voeg het toe aan het wokmengsel.
4. Kook het gerecht gedurende tien minuten.
5. Voeg de plakjes runderworst toe aan het mengsel.
6. Voeg de rest van de ingrediënten toe en kook het geheel vijf minuten.
7. Verminder de hitte van de kachel.
8. Kook het gerecht nog vijf minuten.
9. Neem een sauspan.
10. Voeg het water toe aan de pan.
11. Voeg de rijst toe en kook ongeveer tien minuten goed.
12. Doe de rijst in kommen.
13. Voeg het gekookte mengsel erbovenop toe.
14. Voeg de lente-ui toe aan de schaal.
15. Je gerecht is klaar om geserveerd te worden.

## 44.Koreaanse Garnalen Donburi Bowl

**INGREDIËNTEN:**
- 2 theelepels rijstwijn
- 1 theelepel kristalsuiker
- 1/4 theelepel gochujang
- 2 theelepels gehakte rode chili
- Zwarte peper
- Zout
- 1 eetlepel gehakte gember
- 1 eetlepel oestersaus
- 1 eetlepel lichte sojasaus
- 1/2 kop fijngehakte lente-uitjes
- 2 theelepels sesamolie
- 4 theelepels donkere sojasaus
- 2 kopjes garnalenstukjes
- 2 kopjes rijst
- 2 kopjes water

## INSTRUCTIES:
1. Neem een grote pan.
2. Verhit de olie in een pan en doe de garnalenstukjes erin.
3. Kook het tot ze knapperig en goudbruin worden.
4. Voeg de gehakte gember toe aan de pan.
5. Voeg de rijstwijn toe in de pan.
6. Kook het mengsel ongeveer tien minuten goed totdat ze geroosterd zijn.
7. Voeg suiker, gochujang, rode chilipeper, donkere sojasaus, oestersaus, lichte sojasaus, zwarte peper en zout toe aan de pan.
8. Kook de ingrediënten ongeveer vijftien minuten goed.
9. Neem een sauspan.
10. Voeg het water toe aan de pan.
11. Voeg de rijst toe en kook ongeveer tien minuten goed.
12. Doe de rijst in kommen.
13. Voeg het gekookte mengsel er bovenop.
14. Uw gerecht is klaar om geserveerd te worden.

## 45.Koreaanse bloemkoolrijstkom

**INGREDIËNTEN:**
- 1 kopje champignons
- 1 gehakte wortel
- 2 kopjes bloemkoolrijst
- 1 kopje paksoi
- 1 eetlepel rijstazijn
- 1 eetlepel sesamzaad
- 2 kopjes water
- Zout naar smaak
- Zwarte peper naar smaak
- 2 eetlepels sojasaus
- 1 theelepel geperste knoflook

**INSTRUCTIES:**
1. Kook de champignons, paksoi en wortels in een pan.
2. Voeg de geperste knoflook, sojasaus, rijstazijn, zout en zwarte peper toe.
3. Voeg de bloemkoolrijst toe aan de pan.
4. Kook gedurende tien minuten.
5. Voeg het bloemkoolrijstmengsel toe in een kom.
6. Uw gerecht is klaar om geserveerd te worden.

## 46.Koreaanse BBQ- kipkom

**INGREDIËNTEN:**
- 1 kopje b1less stukjes kip
- 2 kopjes rijst
- 1 eetlepel rijstazijn
- 1 eetlepel sesamzaad
- 2 kopjes water
- Zout naar smaak
- Zwarte peper naar smaak
- 1/2 kop barbecuesaus
- 2 eetlepels sojasaus
- 1 theelepel geperste knoflook

**INSTRUCTIES:**
1. Neem een sauspan.
2. Voeg het water toe aan de pan.
3. Voeg de rijst toe en kook ongeveer tien minuten goed.
4. Kook de stukken kip in een pan.
5. Voeg de geperste knoflook, sojasaus, barbecuesaus, rijstazijn, zout en zwarte peper toe.
6. Kook gedurende tien minuten.
7. Voeg rijst toe in een kom.
8. Voeg de groenten toe.
9. Uw gerecht is klaar om geserveerd te worden.

# 47. Koreaanse pittige rijstkom met rundvlees

**INGREDIËNTEN:**
- 2 theelepels gochujang
- 1/2 kopje sesamzaadjes
- 1 theelepel verse gember
- 1 eetlepel vissaus
- 1 eetlepel sojasaus
- 1 eetlepel rode chilipeper
- Verse korianderblaadjes
- 2 kopjes rundvleesreepjes
- 1 eetlepel gehakte lente-ui
- 2 kopjes runderbouillon
- 1 theelepel maizena
- 1 theelepel gehakte knoflook
- 2 eetlepels sesamolie
- 2 kopjes rijst
- 2 kopjes water

**INSTRUCTIES:**
1. Neem een wok.
2. Voeg de olie, gehakte knoflook, gochujang, rode chilipeper en gember toe aan de wok.
3. Voeg de runderbouillon en sauzen toe aan het wokmengsel.
4. Kook het gerecht gedurende tien minuten.
5. Voeg de rundvleesreepjes toe aan het mengsel.
6. Voeg de rest van de ingrediënten toe en kook het geheel vijf minuten.
7. Verminder de hitte van de kachel.
8. Kook het gerecht nog vijf minuten.
9. Neem een sauspan.
10. Voeg het water toe aan de pan.
11. Voeg de rijst toe en kook ongeveer tien minuten goed.
12. Doe de rijst in kommen.
13. Voeg het gekookte mengsel erbovenop toe.
14. Voeg de lente-ui toe aan de schaal.
15. Je gerecht is klaar om geserveerd te worden.

# VIETNAMESE RIJSTKOMMEN

## 48.Banh Mi rijstkom

**INGREDIËNTEN:**
- 2 kopjes gekookte rijst
- 1 theelepel vissaus
- 1 kopje geraspte kool
- 1 kopje gehakte groene ui
- 2 eetlepels gehakte koriander
- 1 kop stukjes varkenshaas
- 1 kopje ingemaakte groenten
- 2 eetlepels olijfolie
- 1 kopje sriracha-mayo
- Zout naar smaak
- Zwarte peper naar smaak

**INSTRUCTIES:**
1. Neem een pan.
2. Voeg de olie toe aan de pan.
3. Voeg het varkensvlees, het zout en de zwarte peper toe.
4. Kook ongeveer tien minuten goed.
5. Schenk uit wanneer d1.
6. Verdeel de rijst over 2 kommen.
7. Voeg het varkensvlees, de ingelegde groenten, de sriracha-mayo en de rest van de ingrediënten toe.
8. Garneer met koriander erbovenop.
9. Uw gerecht is klaar om geserveerd te worden.

## 49. Rundvlees en Krokante Rijst

**INGREDIËNTEN:**
- 2 kopjes gekookte bruine rijst
- 1 kopje srirachasaus
- 1 eetlepel vissaus
- 1 kop gekookte rundvleesreepjes
- 1 eetlepel rijstazijn
- Zout naar smaak
- Zwarte peper naar smaak
- 2 eetlepels sojasaus
- 1 theelepel geperste knoflook
- 2 eetlepels bakolie

## INSTRUCTIES:
1. Voeg de olie toe in een pan.
2. Voeg gekookte rijst toe aan de pan.
3. Meng de rijst goed.
4. Laat het krokant worden.
5. Kook ongeveer tien minuten.
6. Voeg alle sauzen en kruiden toe aan het mengsel.
7. Meng de ingrediënten goed.
8. Voeg de knapperige rijst toe aan een kom.
9. Voeg het gekookte rundvlees toe aan de rijst.
10. Uw gerecht is klaar om geserveerd te worden.

## 50. Rijstkom met kip en Sirarcha

**INGREDIËNTEN:**
- 2 kopjes gekookte bruine rijst
- 1 kopje srirachasaus
- 1 eetlepel vissaus
- 1 kop kippenreepjes
- 1 eetlepel rijstazijn
- Zout naar smaak
- Zwarte peper naar smaak
- 2 eetlepels sojasaus
- 1 theelepel geperste knoflook
- 2 eetlepels bakolie

**INSTRUCTIES:**
1. Voeg de olie toe in een pan.
2. Voeg knoflook toe aan de pan.
3. Meng de knoflook goed.
4. Laat het krokant worden.
5. Voeg de stukken kip toe.
6. Voeg alle sauzen en kruiden toe aan het mengsel.
7. Meng de ingrediënten goed.
8. Verdeel de gekookte rijst over 2 kommen.
9. Voeg de gekookte kip toe aan de rijst.
10. Uw gerecht is klaar om geserveerd te worden.

## 51. Citroengras Rundvlees Noedelkom

**INGREDIËNTEN:**
- 2 kopjes noedels
- 2 kopjes water
- 1 theelepel vissaus
- 1 kopje ui
- 1 kopje water
- 2 eetlepels gehakte knoflook
- 2 eetlepels gehakte gember
- 1/2 kopje koriander
- 2 eetlepels gedroogd citroengras
- 2 eetlepels olijfolie
- 1 kopje runderbouillon
- 1 kopje rundvleesreepjes
- 1 kopje gehakte tomaten

**INSTRUCTIES:**
1. Neem een pan.
2. Voeg de olie en uien toe.
3. Kook de uien tot ze zacht en geurig worden.
4. Voeg de gehakte knoflook en gember toe.
5. Kook het mengsel en voeg de tomaten eraan toe.
6. Voeg de kruiden toe.
7. Voeg de runderreepjes, runderbouillon en vissaus toe.
8. Meng de ingrediënten zorgvuldig en dek de pan af.
9. Kook gedurende tien minuten.
10. Neem een sauspan.
11. Voeg het water toe aan de pan.
12. Voeg de noedels toe en kook ongeveer tien minuten goed.
13. Verdeel de noedels over 2 kommen.
14. Voeg het rundvleesmengsel en de koriander toe.
15. Je gerecht is klaar om geserveerd te worden.

## 52.Geglazuurde kiprijstkom

## INGREDIËNTEN:
- 2 theelepels rijstwijn
- 1/4 theelepel vissaus
- Zwarte peper
- Zout
- 1 eetlepel gehakte gember
- 1 eetlepel oestersaus
- 1 eetlepel lichte sojasaus
- 1/2 kop fijngehakte lente-uitjes
- 2 theelepels sesamolie
- 4 theelepels donkere sojasaus
- 2 kopjes geglazuurde stukjes kip
- 2 kopjes gekookte rijst

## INSTRUCTIES:
1. Neem een grote pan.
2. Voeg de gehakte gember toe aan de pan.
3. Voeg de rijstwijn toe in de pan.
4. Kook het mengsel ongeveer tien minuten goed totdat ze geroosterd zijn.
5. Voeg vissaus, donkere sojasaus, oestersaus, lichte sojasaus, zwarte peper en zout toe aan de pan.
6. Kook de ingrediënten ongeveer vijftien minuten goed.
7. Voeg de rijst toe in 2 kommen.
8. Voeg het gekookte mengsel er bovenop.
9. Leg de geglazuurde stukjes kip er bovenop.
10. Uw gerecht is klaar om geserveerd te worden.

## 53.Recept voor knoflook-garnalenvermicelli

## INGREDIËNTEN:
- 1 kopje rijstvermicelli
- 1 theelepel vissaus
- 1 kopje ui
- 1 kopje water
- 2 eetlepels gehakte knoflook
- 2 eetlepels gehakte gember
- 1/2 kopje koriander
- 2 eetlepels bakolie
- 1 kopje garnalenstukjes
- 1 kopje groentebouillon
- 1 kopje gehakte tomaten

## INSTRUCTIES:
1. Neem een pan.
2. Voeg de olie en uien toe.
3. Kook de uien tot ze zacht en geurig worden.
4. Voeg de gehakte knoflook en gember toe.
5. Kook het mengsel en voeg de tomaten eraan toe.
6. Voeg de kruiden toe.
7. Voeg de garnalenstukjes eraan toe.
8. Meng de ingrediënten zorgvuldig en dek de pan af.
9. Voeg de rijstvermicelli, vissaus en de rest van de ingrediënten toe.
10. Kook gedurende tien minuten.
11. Verdeel het in 2 kommen.
12. Voeg koriander erbovenop toe.
13. Je gerecht is klaar om geserveerd te worden.

## 54.Kip Dumpling Noedelkom

## INGREDIËNTEN:
- 1 eetlepel lichte sojasaus
- 1/2 kop fijngehakte lente-uitjes
- 2 theelepels sesamolie
- 4 theelepels donkere sojasaus
- 2 kopjes gestoomde kipknoedels
- 2 kopjes gekookte noedels
- 2 theelepels rijstwijn
- 1/4 theelepel vissaus
- Zwarte peper
- Zout
- 1 eetlepel gehakte gember
- 1 eetlepel oestersaus

## INSTRUCTIES:
1. Neem een grote pan.
2. Voeg de gehakte gember toe aan de pan.
3. Voeg de rijstwijn toe in de pan.
4. Kook het mengsel ongeveer tien minuten goed totdat ze geroosterd zijn.
5. Voeg vissaus, donkere sojasaus, oestersaus, lichte sojasaus, zwarte peper en zout toe aan de pan.
6. Kook de ingrediënten ongeveer vijftien minuten goed.
7. Voeg de noedels toe in 2 kommen.
8. Voeg het gekookte mengsel er bovenop.
9. Voeg de kipknoedels toe.
10. Uw gerecht is klaar om geserveerd te worden.

## 55.Kip Rijstkom

**INGREDIËNTEN:**
- 2 eetlepels gehakte knoflook
- 2 eetlepels gehakte gember
- 1/2 kopje koriander
- 2 eetlepels bakolie
- 1 kopje kippenbouillon
- 1 kop stukjes kip
- 1 kopje gehakte tomaten
- 2 kopjes rijst
- 2 kopjes water
- 1 theelepel vissaus
- 1 kopje ui
- 1 kopje water

**INSTRUCTIES:**
1. Neem een pan.
2. Voeg de olie en uien toe.
3. Kook de uien tot ze zacht en geurig worden.
4. Voeg de gehakte knoflook en gember toe.
5. Kook het mengsel en voeg de tomaten eraan toe.
6. Voeg de kruiden toe.
7. Voeg de stukjes kip, kippenbouillon en vissaus toe.
8. Meng de ingrediënten zorgvuldig en dek de pan af.
9. Kook gedurende tien minuten.
10. Neem een sauspan.
11. Voeg het water toe aan de pan.
12. Voeg de rijst toe en kook ongeveer tien minuten goed.
13. Verdeel de rijst over 2 kommen.
14. Voeg het kipmengsel en de koriander toe.
15. Uw gerecht is klaar om geserveerd te worden.

## 56. Pittige Rundvlees Rijstkom

**INGREDIËNTEN:**
- 1/2 kopje koriander
- 2 eetlepels rode chilipeper
- 2 eetlepels olijfolie
- 1 kopje runderbouillon
- 1 kopje rundvleesreepjes
- 1 kopje gehakte tomaten
- 2 kopjes bruine rijst
- 2 kopjes water
- 1 theelepel vissaus
- 1 kopje ui
- 1 kopje water
- 2 eetlepels gehakte knoflook
- 2 eetlepels gehakte gember

**INSTRUCTIES:**
1. Neem een pan.
2. Voeg de olie en uien toe.
3. Kook de uien tot ze zacht en geurig worden.
4. Voeg de gehakte knoflook en gember toe.
5. Kook het mengsel en voeg de tomaten eraan toe.
6. Voeg de kruiden toe.
7. Voeg de rundvleesreepjes, rode chilipeper, runderbouillon en vissaus toe.
8. Meng de ingrediënten zorgvuldig en dek de pan af.
9. Kook gedurende tien minuten.
10. Neem een sauspan.
11. Voeg het water toe aan de pan.
12. Voeg de bruine rijst toe en kook ongeveer tien minuten goed.
13. Verdeel de bruine rijst over 2 kommen.
14. Voeg het rundvleesmengsel en de koriander toe.
15. Je gerecht is klaar om geserveerd te worden.

## 57. Gekarameliseerde kippenkom

**INGREDIËNTEN:**
- 1/2 kop fijngehakte lente-uitjes
- 2 theelepels sesamolie
- 4 theelepels donkere sojasaus
- 2 kopjes gekookte stukjes kip
- 2 eetlepels suiker
- 2 kopjes gekookte rijst
- 2 theelepels rijstwijn
- 1/4 theelepel vissaus
- Zwarte peper
- Zout
- 1 eetlepel gehakte gember
- 1 eetlepel oestersaus
- 1 eetlepel lichte sojasaus

## INSTRUCTIES:
1. Neem een grote pan.
2. Voeg de gehakte gember toe aan de pan.
3. Voeg de rijstwijn toe in de pan.
4. Kook het mengsel ongeveer tien minuten goed totdat ze geroosterd zijn.
5. Voeg vissaus, donkere sojasaus, oestersaus, lichte sojasaus, zwarte peper en zout toe aan de pan.
6. Kook de ingrediënten ongeveer vijftien minuten goed.
7. Schenk uit wanneer d1.
8. Voeg suiker toe aan de pan en laat het smelten.
9. Voeg de gekookte stukjes kip toe en meng goed.
10. Kook gedurende vijf minuten.
11. Voeg de rijst toe in 2 kommen.
12. Voeg het gekookte mengsel er bovenop.
13. Voeg de gekarameliseerde kip er bovenop.
14. Je gerecht is klaar om geserveerd te worden.

# INDISCHE RIJSTKOMMEN

## 58.Kip Tikka Rijstkom

**INGREDIËNTEN:**
- 1 kopje b1less stukjes kip
- 2 kopjes rijst
- 2 kopjes water
- 2 eetlepels rode chilipoeder
- 1 theelepel garam masala-poeder
- 1 eetlepel bakolie
- 2 eetlepels tikka masala
- Zout naar smaak
- Zwarte peper naar smaak
- 2 eetlepels korianderpoeder
- 1 theelepel komijnpoeder
- 1 theelepel geperste knoflook

**INSTRUCTIES:**
1. Neem een sauspan.
2. Voeg het water toe aan de pan.
3. Voeg de rijst toe en kook ongeveer tien minuten goed.
4. Neem een grote pan.
5. Voeg de gehakte knoflook toe aan de pan.
6. Voeg de kruiden toe in de pan.
7. Kook het mengsel ongeveer tien minuten goed totdat ze geroosterd zijn.
8. Voeg de stukken kip toe aan de pan.
9. Kook de ingrediënten ongeveer vijftien minuten goed.
10. Voeg rijst toe in een kom.
11. Voeg het kip-tikka-mengsel erbovenop toe.
12. Je gerecht is klaar om geserveerd te worden.

## 59. Curried bruine rijstkom

**INGREDIËNTEN:**
- 1/2 pond groenten
- 2 uien
- 2 eetlepels koolzaadolie
- 1 kopje gekookte bruine rijst
- 2 kopjes water
- 1 theelepel gember
- 2 tomaten
- 4 teentjes knoflook
- 2 groene pepers
- Zout naar smaak
- 1 theelepel rode currypeper
- Zwarte peper naar smaak
- 1 theelepel korianderblaadjes
- 1/2 theelepel garam masala
- 1 theelepel zwarte mosterdzaadjes
- 1 theelepel komijnzaad

**INSTRUCTIES:**
1. Neem een pan en doe de olie erin.
2. Verhit de olie en doe de uien erin.
3. Bak de uien tot ze lichtbruin worden.
4. Doe het komijnzaad en het mosterdzaad in de pan.
5. Bak ze goed en voeg zout, peper en groene pepers toe.
6. Voeg de kurkuma, gember en knoflookteentjes toe.
7. Voeg de groenten en de rode currypeper toe aan de pan.
8. Meng ze goed en kook nog een kwartier.
9. Voeg bruine rijst toe aan een kom.
10. Voeg het bereide mengsel erbovenop toe.
11. Voeg de korianderblaadjes en garam masala toe ter garnering.
12. Je gerecht is klaar om geserveerd te worden.

## 60.Kaas Rijstkom

## INGREDIËNTEN:
- 1/2 pond gemengde kaas
- 2 uien
- 2 eetlepels koolzaadolie
- 1 kop gekookte bruine rijst
- 2 kopjes water
- 1 theelepel gember
- 2 tomaten
- 4 teentjes knoflook
- 2 groene pepers
- Zout naar smaak
- 1 theelepel rode currypeper
- Zwarte peper naar smaak
- 1 theelepel korianderblaadjes
- 1/2 theelepel garam masala
- 1 theelepel zwarte mosterdzaadjes
- 1 theelepel komijnzaad

## INSTRUCTIES:
1. Neem een pan en doe de olie erin.
2. Verhit de olie en doe de uien erin.
3. Bak de uien tot ze lichtbruin worden.
4. Doe het komijnzaad en het mosterdzaad in de pan.
5. Bak ze goed en voeg zout, peper en groene pepers toe.
6. Voeg de kurkuma, gember en knoflookteentjes toe.
7. Voeg de kaas, rijst en rode currypeper toe aan de pan.
8. Meng ze goed en kook nog een kwartier.
9. Voeg bruine rijst toe aan een kom.
10. Je gerecht is klaar om geserveerd te worden.

## 61. Indiase rijstkom met schapenvleescurry

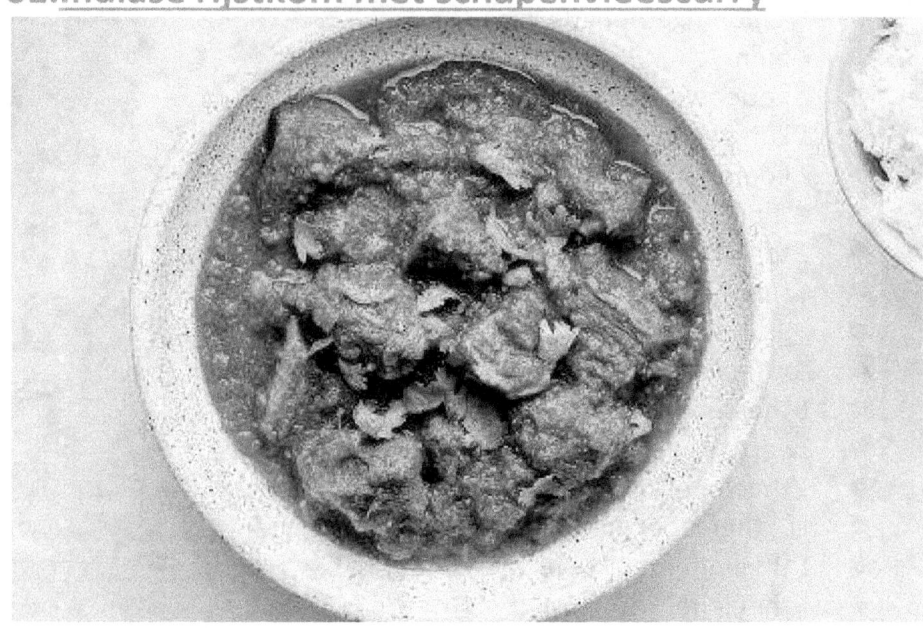

## INGREDIËNTEN:
- 1/2 pond stukjes schapenvlees
- 2 uien
- 2 eetlepels koolzaadolie
- 1 kop gekookte rijst
- 2 kopjes water
- 1 theelepel gember
- 2 tomaten
- 4 teentjes knoflook
- Zes groene pepers
- Zout naar smaak
- 1 theelepel rode currypeper
- Zwarte peper naar smaak
- 1 theelepel korianderblaadjes
- 1/2 theelepel garam masala
- 1 theelepel zwarte mosterdzaadjes
- 1 theelepel komijnzaad

## INSTRUCTIES:
1. Neem een pan en doe de olie erin.
2. Verhit de olie en doe de uien erin.
3. Bak de uien tot ze lichtbruin worden.
4. Doe het komijnzaad en het mosterdzaad in de pan.
5. Bak ze goed en voeg zout, peper en groene pepers toe.
6. Voeg de kurkuma, gember en knoflookteentjes toe.
7. Voeg het schapenvlees en de rode kerriepeper toe aan de pan.
8. Meng ze goed en kook nog een kwartier.
9. Voeg rijst toe in een kom.
10. Voeg het bereide mengsel erbovenop toe.
11. Voeg de korianderblaadjes en garam masala toe ter garnering.
12. Je gerecht is klaar om geserveerd te worden.

## 62.Indiase romige currykom

**INGREDIËNTEN:**
- 1/2 pond groenten
- 2 uien
- 2 eetlepels koolzaadolie
- 1 kopje gekookte rijst
- 2 kopjes water
- 1 theelepel gember
- 2 tomaten
- 4 teentjes knoflook
- 2 groene pepers
- 1 kopje slagroom
- Zout naar smaak
- 1 theelepel rode currypeper
- Zwarte peper naar smaak
- 1 theelepel korianderblaadjes
- 1/2 theelepel garam masala
- 1 theelepel zwarte mosterdzaadjes
- 1 theelepel komijnzaad

**INSTRUCTIES:**
1. Neem een pan en doe de olie erin.
2. Verhit de olie en doe de uien erin.
3. Bak de uien tot ze lichtbruin worden.
4. Doe het komijnzaad en het mosterdzaad in de pan.
5. Bak ze goed en voeg zout, peper en groene pepers toe.
6. Voeg de kurkuma, gember en knoflookteentjes toe.
7. Voeg de groenten, slagroom en rode kerriepeper toe aan de pan.
8. Meng ze goed en kook nog een kwartier.
9. Voeg rijst toe in een kom.
10. Voeg het bereide mengsel erbovenop toe.
11. Voeg de korianderblaadjes en garam masala toe ter garnering.
12. Je gerecht is klaar om geserveerd te worden.

## 63.Indiase Citroen Rijstkom

**INGREDIËNTEN:**
- 2 eetlepels koolzaadolie
- 1 kopje verse kruiden
- 1 kopje gesneden citroenen
- 1 eetlepel rode chilipoeder
- 2 eetlepels citroensap
- 1 theelepel knoflook-gemberpasta
- 1 theelepel chilivlokken
- 1/2 theelepel komijnpoeder
- 1 eetlepel korianderpoeder
- Zout
- 2 kopjes gekookte rijst

**INSTRUCTIES:**
1. Neem een pan en doe de olie erin.
2. Verhit de olie en voeg de stukjes citroen, zout en peper toe.
3. Kook het een paar minuten tot de citroen zacht wordt.
4. Voeg de knoflook, gember en rode chilivlokken toe.
5. Kook het tot het mengsel geurig wordt.
6. Voeg de kruiden toe aan het mengsel en kook.
7. Voeg de rijst toe in 2 kommen.
8. Verdeel het gekookte mengsel in 2 kommen.
9. Voeg de verse kruiden toe.
10. Je gerecht is klaar om geserveerd te worden.

## 64. Indiase Bloemkool Boeddha Bowl

**INGREDIËNTEN:**
- 1 kopje bloemkoolroosjes
- 2 kopjes quinoa
- 2 kopjes water
- 2 eetlepels rode chilipoeder
- 1 theelepel garam masala-poeder
- 1 eetlepel bakolie
- 2 kopjes spinazie
- 2 kopjes rode paprika
- 1/2 kop geroosterde cashewnoten
- Zout naar smaak
- Zwarte peper naar smaak
- 2 eetlepels korianderpoeder
- 1 theelepel komijnpoeder
- 1 theelepel geperste knoflook

**INSTRUCTIES:**
1. Neem een sauspan.
2. Voeg het water toe aan de pan.
3. Voeg de quinoa toe en kook ongeveer tien minuten goed.
4. Neem een grote pan.
5. Voeg de gehakte knoflook toe aan de pan.
6. Voeg de kruiden toe in de pan.
7. Kook het mengsel ongeveer tien minuten goed totdat ze geroosterd zijn.
8. Voeg spinazie, bloemkool en paprika toe aan de pan.
9. Kook de ingrediënten ongeveer vijftien minuten goed.
10. Voeg quinoa toe in een kom.
11. Voeg de masala bloemkool toe.
12. Voeg de geroosterde cashewnoten toe bovenop de bloemkool.
13. Je gerecht is klaar om geserveerd te worden.

## 65.Indiase gegrilde linzenkom

## INGREDIËNTEN:
- 2 eetlepels koolzaadolie
- 1 kopje verse kruiden
- 1 eetlepel rode chilipoeder
- 2 kopjes gegrilde linzen
- 1 theelepel knoflook-gemberpasta
- 1 theelepel chilivlokken
- 1/2 theelepel komijnpoeder
- 1 eetlepel korianderpoeder
- Zout
- 1/2 kopje muntsaus
- 2 kopjes gekookte rijst

## INSTRUCTIES:
1. Neem een pan en doe de olie erin.
2. Verhit de olie en voeg de gegrilde linzen, zout en peper toe.
3. Voeg de knoflook, gember en rode chilivlokken toe.
4. Kook het tot het mengsel geurig wordt.
5. Voeg de kruiden toe aan het mengsel en kook.
6. Voeg de rijst toe in 2 kommen.
7. Verdeel het gekookte mengsel in 2 kommen.
8. Voeg de verse kruiden en de muntsaus toe.
9. Uw gerecht is klaar om geserveerd te worden.

## 66. Indiase rijstkom met kip

## INGREDIËNTEN:
- 1/2 pond stukjes kip
- 2 uien
- 2 eetlepels koolzaadolie
- 1 kopje gekookte rijst
- 2 kopjes water
- 1 theelepel gember
- 2 tomaten
- 4 teentjes knoflook
- Zes groene pepers
- Zout naar smaak
- 1 theelepel rode currypeper
- Zwarte peper naar smaak
- 1 theelepel korianderblaadjes
- 1/2 theelepel garam masala
- 1 theelepel zwarte mosterdzaadjes
- 1 theelepel komijnzaad

## INSTRUCTIES:
1. Neem een pan en doe de olie erin.
2. Verhit de olie en doe de uien erin.
3. Bak de uien tot ze lichtbruin worden.
4. Doe het komijnzaad en het mosterdzaad in de pan.
5. Bak ze goed en voeg zout, peper en groene pepers toe.
6. Voeg de kurkuma, gember en knoflookteentjes toe.
7. Voeg de kip en de rode kerriepeper toe aan de pan.
8. Meng ze goed en kook nog een kwartier.
9. Voeg rijst toe in een kom.
10. Voeg het bereide mengsel erbovenop toe.
11. Voeg de korianderblaadjes en garam masala toe ter garnering.
12. Je gerecht is klaar om geserveerd te worden.

## 67.Indiase Rode Rijstkom

**INGREDIËNTEN:**
- 1/2 pond rode rijst
- 2 uien
- 2 eetlepels koolzaadolie
- 2 kopjes water
- 1 theelepel gember
- 2 tomaten
- 4 teentjes knoflook
- Zes groene pepers
- Zout naar smaak
- 1 theelepel rode currypeper
- Zwarte peper naar smaak
- 1 theelepel korianderblaadjes
- 1/2 theelepel garam masala
- 1 theelepel komijnzaad

**INSTRUCTIES:**
1. Neem een pan en doe de olie erin.
2. Verhit de olie en doe de uien erin.
3. Bak de uien tot ze lichtbruin worden.
4. Voeg het komijnzaad toe in de pan.
5. Bak ze goed en voeg zout, peper en groene pepers toe.
6. Voeg de kurkuma, gember en knoflookteentjes toe.
7. Voeg de rode rijst en rode kerriepeper toe aan de pan.
8. Meng ze goed en kook nog een kwartier.
9. Voeg rijst toe in een kom.
10. Voeg de korianderblaadjes en garam masala toe ter garnering.
11. Je gerecht is klaar om geserveerd te worden.

## 68.Rijstkom met kokosrundvlees

## INGREDIËNTEN:
- 1/2 pond stukjes rundvlees
- 2 uien
- 2 eetlepels koolzaadolie
- 1 kop gekookte rijst
- 2 kopjes water
- 1 theelepel gember
- 2 tomaten
- 4 teentjes knoflook
- Zes groene pepers
- Zout naar smaak
- 1 theelepel rode currypeper
- Zwarte peper naar smaak
- 1 theelepel korianderblaadjes
- 1/2 theelepel garam masala
- 1 theelepel gedroogd kokosnootpoeder
- 1 theelepel komijnzaad

## INSTRUCTIES:
1. Neem een pan en doe de olie erin.
2. Verhit de olie en doe de uien erin.
3. Bak de uien tot ze lichtbruin worden.
4. Voeg het komijnzaad toe in de pan.
5. Bak ze goed en voeg zout, peper en groene pepers toe.
6. Voeg de kurkuma, gember en knoflookteentjes toe.
7. Voeg het rundvlees en de rode currypeper toe aan de pan.
8. Meng ze goed en kook nog een kwartier.
9. Voeg rijst en gedroogde kokosnoot toe in een kom.
10. Voeg het bereide mengsel erbovenop toe.
11. Voeg de korianderblaadjes en garam masala toe ter garnering.
12. Je gerecht is klaar om geserveerd te worden.

## 69.Tandoori kippenkom

**INGREDIËNTEN:**
- 1 kopje b1less stukjes kip
- 2 kopjes rijst
- 2 kopjes water
- 2 eetlepels rode chilipoeder
- 1 theelepel garam masala-poeder
- 1 eetlepel bakolie
- 2 eetlepels tandoori masala
- Zout naar smaak
- Zwarte peper naar smaak
- 2 eetlepels korianderpoeder
- 1 theelepel komijnpoeder
- 1 theelepel geperste knoflook

**INSTRUCTIES:**
1. Neem een sauspan.
2. Voeg het water toe aan de pan.
3. Voeg de rijst toe en kook ongeveer tien minuten goed.
4. Neem een grote pan.
5. Voeg de gehakte knoflook toe aan de pan.
6. Voeg de kruiden toe in de pan.
7. Kook het mengsel ongeveer tien minuten goed totdat ze geroosterd zijn.
8. Voeg de stukken kip toe aan de pan.
9. Kook de ingrediënten ongeveer vijftien minuten goed.
10. Voeg rijst toe in een kom.
11. Voeg het tandoori-kipmengsel erbovenop toe.
12. Je gerecht is klaar om geserveerd te worden.

## 70.Kurkuma Paneer en Rijstkom

**INGREDIËNTEN:**
- 2 kopjes gehakte tofu
- 2 kopjes rijst
- 2 kopjes water
- 2 eetlepels kurkumapoeder
- 1 theelepel garam masala-poeder
- 1 eetlepel bakolie
- Zout naar smaak
- Zwarte peper naar smaak
- 2 eetlepels verse kruiden
- 1 theelepel komijnpoeder
- 1 theelepel geperste knoflook

**INSTRUCTIES:**
1. Neem een sauspan.
2. Voeg het water toe aan de pan.
3. Voeg de rijst toe en kook ongeveer tien minuten goed.
4. Neem een grote pan.
5. Voeg de gehakte knoflook toe aan de pan.
6. Voeg de kruiden toe in de pan.
7. Kook het mengsel ongeveer tien minuten goed totdat ze geroosterd zijn.
8. Voeg tofu en kruiden toe aan de pan.
9. Kook de ingrediënten ongeveer vijf minuten goed.
10. Voeg rijst toe in een kom.
11. Voeg het kurkuma-tofu-mengsel erbovenop toe.
12. Je gerecht is klaar om geserveerd te worden.

## 71. Paneer Currykom

**INGREDIËNTEN:**
- 1/2 pond tofustukjes
- 2 uien
- 2 eetlepels koolzaadolie
- 1 kop gekookte rijst
- 2 kopjes water
- 1 theelepel gember
- 2 tomaten
- 4 teentjes knoflook
- Zes groene pepers
- Zout naar smaak
- 1 theelepel rode currypeper
- Zwarte peper naar smaak
- 1 theelepel korianderblaadjes
- 1/2 theelepel garam masala
- 1 theelepel zwarte mosterdzaadjes
- 1 theelepel komijnzaad

**INSTRUCTIES:**
1. Neem een pan en doe de olie erin.
2. Verhit de olie en doe de uien erin.
3. Bak de uien tot ze lichtbruin worden.
4. Doe het komijnzaad en het mosterdzaad in de pan.
5. Bak ze goed en voeg zout, peper en groene pepers toe.
6. Voeg de kurkuma, gember en knoflookteentjes toe.
7. Voeg de tofu en de rode currypeper toe aan de pan.
8. Meng ze goed en kook nog een kwartier.
9. Voeg rijst toe in een kom.
10. Voeg het bereide mengsel erbovenop toe.
11. Voeg de korianderblaadjes en garam masala toe ter garnering.
12. Je gerecht is klaar om geserveerd te worden.

## 72.-kom met kikkererwten

**INGREDIËNTEN:**
- Een kopje gehakte uien
- 2 eetlepels chaat masala-mix
- Een kopje witte kikkererwten
- 1/2 kop muntchutney
- 1 eetlepel groene pepers
- 1/2 kopje tamarindesaus
- 1/2 kopje papdi

**INSTRUCTIES:**
1. Kook de kikkererwten in een grote pan met water.
2. Giet ze af zodra ze gekookt zijn.
3. Voeg het toe in een kom.
4. Voeg de rest van de ingrediënten toe in de kom.
5. Het gerecht is klaar om geserveerd te worden.

# THAISE RIJSTKOMMEN

# 73.Zalm Boeddha Bowl

**INGREDIËNTEN:**
- 1 kopje visbouillon
- 2 kopjes zalmstukjes
- 1 theelepel gehakte knoflook
- 2 eetlepels plantaardige olie
- 1 eetlepel hoisinsaus
- 1 eetlepel srirachasaus
- 1/2 kopje gehakte selderij
- 1 theelepel rijstwijn
- 2 kopjes gekookte rijst
- 1 theelepel verse gember
- 2 eetlepels verse kruiden
- 1 eetlepel vissaus
- 1 eetlepel sojasaus
- 1/2 theelepel Thaise vijfkruiden

**INSTRUCTIES:**
1. Neem een wok.
2. Voeg de hoisinsaus, srirachasaus, gehakte knoflook, Thaise kruiden en gember toe aan de wok.
3. Voeg de visbouillon en sauzen toe aan het wokmengsel.
4. Kook het gerecht gedurende tien minuten.
5. Voeg de stukken zalm toe aan het mengsel.
6. Meng de zalm goed en kook hem gedurende vijf minuten.
7. Kook de ingrediënten goed en meng het met de rest van de ingrediënten.
8. Verminder de hitte van de kachel.
9. Kook het gerecht nog vijftien minuten.
10. Doe de gekookte rijst in een kom.
11. Voeg het gekookte mengsel erbovenop toe.
12. Garneer met verse kruiden.
13. Je gerecht is klaar om geserveerd te worden.

## 74.Gekruide bruine rijstkom

## INGREDIËNTEN:
- 1 eetlepel vissaus
- 1 eetlepel sojasaus
- 1/2 theelepel Thaise vijfkruiden
- 1/4 kop pinda's
- 1 theelepel gehakte knoflook
- 2 eetlepels plantaardige olie
- 1 eetlepel hoisinsaus
- 1 eetlepel srirachasaus
- 1/2 kopje gehakte selderij
- 1 theelepel rijstwijn
- 2 kopjes gekookte bruine rijst
- 1 theelepel verse gember
- 2 eetlepels verse kruiden

## INSTRUCTIES:
1. Neem een wok.
2. Voeg de hoisinsaus, srirachasaus, gehakte knoflook, Thaise kruiden en gember toe aan de wok.
3. Voeg de sauzen toe aan het wokmengsel.
4. Kook het gerecht gedurende tien minuten.
5. Voeg de bruine rijst toe aan het mengsel.
6. Kook de ingrediënten goed en meng het met de rest van de ingrediënten.
7. Verminder de hitte van de kachel.
8. Kook het gerecht nog eens vijftien minuten.
9. Voeg de gekookte bruine rijst toe in een kom.
10. Voeg de pinda's erbovenop toe.
11. Garneer met verse kruiden.
12. Je gerecht is klaar om geserveerd te worden.

# 75.Pinda Garnalen Kommen

**INGREDIËNTEN:**
- 1 eetlepel vissaus
- 1 eetlepel sojasaus
- 1/2 theelepel Thaise vijfkruiden
- 1/4 kop pinda's
- 1 kopje visbouillon
- 2 kopjes garnalenstukjes
- 1 theelepel gehakte knoflook
- 2 eetlepels plantaardige olie
- 1 eetlepel hoisinsaus
- 1 eetlepel srirachasaus
- 1/2 kopje gehakte selderij
- 1 theelepel rijstwijn
- 2 kopjes gekookte rijst
- 1 theelepel verse gember
- 2 eetlepels verse kruiden

**INSTRUCTIES:**
1. Neem een wok.
2. Voeg de hoisinsaus, srirachasaus, gehakte knoflook, Thaise kruiden en gember toe aan de wok.
3. Voeg de visbouillon en sauzen toe aan het wokmengsel.
4. Kook het gerecht gedurende tien minuten.
5. Voeg de garnalenstukjes en pinda's toe aan het mengsel.
6. Meng de garnalen goed en kook ze vijf minuten.
7. Kook de ingrediënten goed en meng het met de rest van de ingrediënten.
8. Verminder de hitte van de kachel.
9. Kook het gerecht nog vijftien minuten.
10. Doe de gekookte rijst in een kom.
11. Voeg het gekookte mengsel erbovenop toe.
12. Garneer met verse kruiden.
13. Je gerecht is klaar om geserveerd te worden.

## 76. Basilicum Rundvleeskom

**INGREDIËNTEN:**
- 1 eetlepel hoisinsaus
- 1 eetlepel srirachasaus
- 1/2 kopje gehakte selderij
- 1 theelepel rijstwijn
- 2 kopjes gekookte rijst
- 1 theelepel verse gember
- 2 eetlepels verse kruiden
- 1 eetlepel vissaus
- 1 eetlepel sojasaus
- 1/2 theelepel Thaise vijfkruiden
- 1 kopje rundvleesreepjes
- 1 kopje runderbouillon
- 2 kopjes gehakte basilicum
- 1 theelepel gehakte knoflook
- 2 eetlepels plantaardige olie

**INSTRUCTIES:**
1. Neem een wok.
2. Voeg de hoisinsaus, srirachasaus, gehakte knoflook, Thaise kruiden en gember toe aan de wok.
3. Voeg de runderbouillon en sauzen toe aan het wokmengsel.
4. Kook het gerecht gedurende tien minuten.
5. Voeg de stukjes rundvlees en basilicum toe aan het mengsel.
6. Meng het rundvlees goed en kook het gedurende vijftien minuten.
7. Doe de gekookte rijst in een kom.
8. Voeg het gekookte mengsel er bovenop.
9. Garneer met verse kruiden.
10. Je gerecht is klaar om geserveerd te worden.

# 77.Kokos Umami- kom

**INGREDIËNTEN:**
- 1 eetlepel hoisinsaus
- 1 eetlepel srirachasaus
- 1/2 kopje gehakte selderij
- 1 theelepel rijstwijn
- 2 kopjes gekookte rijst
- 1 theelepel verse gember
- 2 eetlepels verse kruiden
- 1 eetlepel vissaus
- 1 eetlepel sojasaus
- 1/2 theelepel Thaise vijfkruiden
- 1/4 kopje kokospoeder
- 2 kopjes kokosroom
- 2 kopjes stukjes kip
- 2 kopjes saladegroenten
- 1 theelepel gehakte knoflook
- 2 eetlepels plantaardige olie

## INSTRUCTIES:
1. Neem een wok.
2. Voeg de hoisinsaus, srirachasaus, gehakte knoflook, Thaise kruiden en gember toe aan de wok.
3. Voeg de sauzen toe aan het wokmengsel.
4. Kook het gerecht gedurende tien minuten.
5. Voeg de stukken kip toe aan het mengsel.
6. Meng de kip goed en kook hem gedurende vijf minuten.
7. Doe de rijst in een kom.
8. Voeg het gekookte mengsel er bovenop.
9. Voeg de saladegroenten en de kokosroom toe.
10. Garneer met verse kruiden.
11. Je gerecht is klaar om geserveerd te worden.

# 78.Tonijn Power Bowl

**INGREDIËNTEN:**
- 1 eetlepel hoisinsaus
- 1 eetlepel srirachasaus
- 1/2 kopje gehakte selderij
- 1 theelepel rijstwijn
- 2 kopjes gekookte rode rijst
- 1 theelepel verse gember
- 2 eetlepels verse kruiden
- 1 eetlepel vissaus
- 1 eetlepel sojasaus
- 1/2 theelepel Thaise vijfkruiden
- 1 kop gemengde groenten
- 2 eetlepels kokosroom
- 1 kopje visbouillon
- 2 kopjes tonijnstukjes
- 1 theelepel gehakte knoflook
- 2 eetlepels plantaardige olie

**INSTRUCTIES:**
1. Neem een wok.
2. Voeg de hoisinsaus, srirachasaus, gehakte knoflook, Thaise kruiden en gember toe aan de wok.
3. Voeg de visbouillon en sauzen toe aan het wokmengsel.
4. Kook het gerecht gedurende tien minuten.
5. Voeg de stukken tonijn toe aan het mengsel.
6. Meng de tonijn goed en kook hem gedurende vijf minuten.
7. Kook de ingrediënten goed en meng ze met de rest van de ingrediënten.
8. Verminder de hitte van de kachel.
9. Kook het gerecht nog vijftien minuten.
10. Voeg de kokosroom toe en meng goed.
11. Doe de rijst in een kom.
12. Voeg het gekookte mengsel erbovenop toe.
13. Garneer met verse kruiden.
14. Je gerecht is klaar om geserveerd te worden.

## 79.Mango- noedelkom

**INGREDIËNTEN:**
- 1 eetlepel hoisinsaus
- 1 eetlepel sojasaus
- 1/2 kopje gehakte selderij
- 1/2 kopje gesneden groene uien
- 1 theelepel rijstwijn
- 1 theelepel verse gember
- 1 eetlepel vissaus
- 1 eetlepel sojasaus
- 1/2 theelepel Thaise kruidenmix
- 2 eetlepels gehakte rode pepers
- 1/2 kopje bamboescheuten
- 1/2 kopje verse korianderblaadjes
- 1/4 kopje verse basilicumblaadjes
- 2 kopjes mangostukjes
- 1/2 kopje gehakte basilicumblaadjes
- 1 theelepel gehakte knoflook
- 2 eetlepels plantaardige olie
- Rijst noedels

**INSTRUCTIES:**
1. Neem een wok.
2. Voeg de olie, hoisinsaus, sojasaus, gehakte knoflook, Thaise kruiden, gehakte rode pepers, basilicumblaadjes en gember toe aan de wok.
3. Voeg de sauzen toe aan het wokmengsel.
4. Kook het gerecht gedurende tien minuten.
5. Voeg de mangostukjes toe aan het mengsel.
6. Meng de mango goed en kook hem gedurende vijf minuten.
7. Voeg de gehakte basilicumblaadjes en het water toe aan de pan.
8. Kook de rijstnoedels in een pan met kokend water.
9. Giet de rijstnoedels af en doe ze in de wok.
10. Kook het gerecht nog vijftien minuten.
11. Verdeel het in 4 kommen.
12. Voeg de koriander toe aan de schaal.
13. Je gerecht is klaar om geserveerd te worden.

## 80.Noedelkom met pinda's en courgette

## INGREDIËNTEN:
- 2 theelepels rijstwijn
- 1 kopje gekookte rijst
- 2 theelepels rode currypasta
- 1/2 theelepel kurkumapoeder
- Zwarte peper naar smaak
- Zout naar smaak
- 1 eetlepel gehakte gember
- 1 eetlepel gehakte knoflook
- 1/2 kop fijngehakte lente-uitjes
- 2 eetlepels bakolie
- 4 theelepels donkere sojasaus
- 2 kopjes courgettestukjes
- 1 kopje pindasaus

## INSTRUCTIES:
1. Neem een grote pan.
2. Verhit de olie in een pan.
3. Voeg de gehakte gember en knoflook toe aan de pan.
4. Voeg de courgette en rijstwijn toe en roerbak tot de kleur verandert.
5. Kook het mengsel ongeveer tien minuten goed totdat ze geroosterd zijn.
6. Voeg pindasaus, basterdsuiker, witte peper, kurkumapoeder, rode currypasta, donkere sojasaus, zwarte peper en zout toe aan de pan.
7. Voeg de rest van de ingrediënten toe aan het mengsel.
8. Kook de ingrediënten ongeveer vijftien minuten goed.
9. Doe de rijst in 2 kommen.
10. Voeg de rode curry erbovenop toe.
11. Garneer met gehakte lente-uitjes.
12. Je gerecht is klaar om geserveerd te worden.

# 81.Pittige garnalenkom

## INGREDIËNTEN:
- 1 eetlepel vissaus
- 1 eetlepel sojasaus
- 1/2 theelepel Thaise vijfkruiden
- 1 kopje garnalen
- 2 eetlepels Thaise groene pepers
- 1 theelepel gehakte knoflook
- 2 eetlepels plantaardige olie
- 1 eetlepel hoisinsaus
- 1 eetlepel srirachasaus
- 1/2 kopje gehakte selderij
- 1 theelepel rijstwijn
- 2 kopjes gekookte bruine rijst
- 1 theelepel verse gember
- 2 eetlepels verse kruiden

## INSTRUCTIES:
1. Neem een wok.
2. Voeg de hoisinsaus, srirachasaus, Thaise groene pepers, gehakte knoflook, Thaise kruiden en gember toe aan de wok.
3. Voeg de sauzen en garnalen toe aan het wokmengsel.
4. Kook het gerecht gedurende tien minuten.
5. Voeg de bruine rijst toe aan het mengsel.
6. Kook het gerecht nog vijftien minuten.
7. Doe de gekookte bruine rijst in een kom.
8. Garneer met verse kruiden.
9. Uw gerecht is klaar om geserveerd te worden.

## 82. Curry Rijstkom

**INGREDIËNTEN:**
- 2 theelepels rijstwijn
- 1 kop gekookte rijst
- 2 theelepels rode currypasta
- 1/2 theelepel kurkumapoeder
- Zwarte peper naar smaak
- Zout naar smaak
- 1 eetlepel gehakte gember
- 1 eetlepel gehakte knoflook
- 1/2 kop fijngehakte lente-uitjes
- 2 eetlepels olijfolie
- 4 theelepels donkere sojasaus
- 1 kopje kokosmelk

**INSTRUCTIES:**
1. Neem een grote pan.
2. Verhit de olie in een pan.
3. Voeg de gehakte gember en knoflook toe aan de pan.
4. Voeg de rijstwijn toe en roerbak tot de kleur verandert.
5. Kook het mengsel ongeveer tien minuten goed totdat ze geroosterd zijn.
6. Voeg kokosmelk, basterdsuiker, witte peper, kurkumapoeder, rode currypasta, donkere sojasaus, zwarte peper en zout toe aan de pan.
7. Voeg de rest van de ingrediënten toe aan het mengsel.
8. Kook de ingrediënten ongeveer vijftien minuten goed.
9. Doe de rijst in 2 kommen.
10. Voeg de rode curry erbovenop toe.
11. Garneer met gehakte lente-uitjes.
12. Je gerecht is klaar om geserveerd te worden.

## 83. Rijstkom met varkensvlees

### INGREDIËNTEN:
- 1 eetlepel vissaus
- 1 eetlepel sojasaus
- 1/2 theelepel Thaise vijfkruiden
- 1 kopje varkensvlees
- 1 theelepel gehakte knoflook
- 2 eetlepels plantaardige olie
- 1 eetlepel hoisinsaus
- 1 eetlepel srirachasaus
- 1/2 kopje gehakte selderij
- 1 theelepel rijstwijn
- 2 kopjes gekookte bruine rijst
- 1 theelepel verse gember
- 2 eetlepels verse kruiden

### INSTRUCTIES:
1. Neem een wok.
2. Voeg de hoisinsaus, srirachasaus, gehakte knoflook, Thaise kruiden en gember toe aan de wok.
3. Voeg de sauzen en het varkensvlees toe aan het wokmengsel.
4. Kook het gerecht gedurende tien minuten.
5. Voeg de bruine rijst toe aan het mengsel.
6. Kook de ingrediënten goed en meng ze met de rest van de ingrediënten.
7. Kook het gerecht nog eens vijftien minuten.
8. Voeg de gekookte bruine rijst toe in een kom.
9. Garneer met verse kruiden.
10. Je gerecht is klaar om geserveerd te worden.

## 84.Zoete Aardappel Boeddha Bowl

## INGREDIËNTEN:
- 2 kopjes zoete aardappelstukjes
- 1 theelepel gehakte knoflook
- 2 eetlepels plantaardige olie
- 1 eetlepel hoisinsaus
- 1 eetlepel srirachasaus
- 1/2 kopje gehakte selderij
- 1 theelepel rijstwijn
- 2 kopjes gekookte rijst
- 1 theelepel verse gember
- 2 eetlepels verse kruiden
- 1 eetlepel vissaus
- 1 eetlepel sojasaus
- 1/2 theelepel Thaise vijfkruiden

## INSTRUCTIES:
1. Neem een wok.
2. Voeg de hoisinsaus, srirachasaus, gehakte knoflook, Thaise kruiden en gember toe aan de wok.
3. Voeg de sauzen toe aan het wokmengsel.
4. Kook het gerecht gedurende tien minuten.
5. Voeg de stukjes zoete aardappel toe aan het mengsel.
6. Meng de zoete aardappel goed en kook deze gedurende een kwartier.
7. Doe de gekookte rijst in een kom.
8. Voeg het gekookte mengsel er bovenop.
9. Garneer met verse kruiden.
10. Je gerecht is klaar om geserveerd te worden.

# 85. Kipsaté Bowl

**INGREDIËNTEN:**
- 1 eetlepel hoisinsaus
- 1 eetlepel srirachasaus
- 1/2 kopje gehakte selderij
- 1 theelepel rijstwijn
- 2 kopjes gekookte rijst
- 1 theelepel verse gember
- 2 eetlepels verse kruiden
- 1 eetlepel vissaus
- 1 eetlepel sojasaus
- 1/2 theelepel Thaise vijfkruiden
- 1 kopje satésaus
- 2 kopjes stukjes kip
- 1 theelepel gehakte knoflook
- 2 eetlepels plantaardige olie

**INSTRUCTIES:**
1. Neem een wok.
2. Voeg de hoisinsaus, srirachasaus, gehakte knoflook, Thaise kruiden en gember toe aan de wok.
3. Voeg de satésaus en andere sauzen toe aan het wokmengsel.
4. Kook het gerecht gedurende tien minuten.
5. Voeg de stukken kip toe aan het mengsel.
6. Meng de kip goed en kook hem gedurende vijftien minuten.
7. Doe de gekookte rijst in een kom.
8. Voeg het gekookte mengsel er bovenop.
9. Garneer met verse kruiden.
10. Je gerecht is klaar om geserveerd te worden.

# 86.Roerbakkip en maïs

## INGREDIËNTEN:
- 3 eetl. oestersaus
- 1 eetl. unseas1d rijstazijn
- 1 theelepel. geroosterde sesamolie
- 4 kippendijen zonder vel, zonder vel (ongeveer 1 pond), in stukken van 1 inch gesneden
- Kosjer zout
- 2 eetlepels. maïszetmeel
- 4 eetl. plantaardige olie, verdeeld
- ½ kleine rode ui, in plakjes gesneden
- 4 teentjes knoflook, in plakjes gesneden
- 1" stuk gember, geschild, fijngehakt
- ½ theelepel. (of meer) peper in Aleppo-stijl of andere milde chilivlokken
- 3 korenaren, korrels gesneden uit kolven
- Gestoomde rijst en korianderblaadjes met zachte stengels (voor serveren)

## INSTRUCTIES:

a) Roer de oestersaus, azijn, sesamolie en 2 eetlepels door elkaar. water in een kleine kom. Opzij zetten.

b) Doe de kip in een middelgrote kom. Breng op smaak met zout en bestrooi met maizena; gooi lichtjes om te coaten. Verhit 2 eetl. plantaardige olie in een grote, goed gebakken wok of koekenpan met anti-aanbaklaag op middelhoog vuur. Kook de kip, af en toe roerend, tot ze goudbruin en bijna gaar is, 6-8 minuten. Voeg rode ui, knoflook, gember, Aleppo-stijl peper en de resterende 2 eetlepels toe. olie. Kook, roer, tot de groenten zacht zijn, ongeveer 2 minuten. Voeg maïs toe en kook, vaak roerend, tot ze gaar zijn, ongeveer 3 minuten.

c) Roer het gereserveerde oestersausmengsel erdoor en kook, vaak roerend, tot het bijna glazuur is geworden, ongeveer 2 minuten. Proef en breng indien nodig op smaak met zout.

d) Serveer roerbakgerechten met rijst, gegarneerd met koriander.

# SUSHI-KOMMEN

# 87. Gedeconstrueerde California Roll Sushi Bowl

**INGREDIËNTEN:**
- 1 kop sushirijst, gekookt
- 1/2 kop imitatiekrab of echte krab, versnipperd
- 1/2 avocado, in plakjes gesneden
- 1/4 komkommer, in julienne gesneden
- Sesamzaadjes ter garnering
- Nori-reepjes als topping
- Sojasaus en ingelegde gember voor erbij

**INSTRUCTIES:**
1. Verdeel de gekookte sushirijst in een kom.
2. Schik de geraspte krab, plakjes avocado en julienne komkommer erop.
3. Strooi sesamzaadjes ter garnering.
4. Bestrijk met nori-reepjes.
5. Serveer met sojasaus en ingelegde gember ernaast.
6. Geniet van de gedeconstrueerde California Roll Sushi Bowl!

## 88. Gedeconstrueerde Pittige Tonijn Sushi Bowl

**INGREDIËNTEN:**
- 1 kop sushirijst, gekookt
- 1/2 kopje pikante tonijn, gehakt
- 1/4 kop edamamebonen, gestoomd
- 1/4 kopje radijsjes, in dunne plakjes gesneden
- Sriracha-mayo om te besprenkelen
- Avocadoschijfjes ter garnering
- Sesamzaadjes voor de topping

**INSTRUCTIES:**
1. Verdeel de gekookte sushirijst in een kom.
2. Leg de gehakte pikante tonijn, gestoomde edamamebonen en in plakjes gesneden radijs erop.
3. Sprenkel de Sriracha-mayo over de kom.
4. Garneer met plakjes avocado en strooi sesamzaadjes.
5. Geniet van de gedeconstrueerde pittige tonijnsushi bowl!

## 89.Gedeconstrueerde Dragon Roll Sushi Bowl

**INGREDIËNTEN:**
- 1 kop sushirijst, gekookt
- 1/2 kopje paling, gegrild en in plakjes gesneden
- 1/4 kop avocado, in plakjes gesneden
- 1/4 kopje komkommer, in julienne gesneden
- Palingsaus om te besprenkelen
- Tobiko (viskuit) als topping
- Ingelegde gember om te serveren

**INSTRUCTIES:**
1. Verdeel de gekookte sushirijst in een kom.
2. Leg de plakjes gegrilde paling, avocado en juliennekomkommer erop.
3. Giet de palingsaus over de kom.
4. Bestrijk met tobiko.
5. Serveer met ingelegde gember ernaast.
6. Geniet van de gedeconstrueerde Dragon roll sushi bowl!

## 90. Gedeconstrueerde Pittige Zalm Sushi Bowl

**INGREDIËNTEN:**
- 1 kop sushirijst, gekookt
- 1/2 kopje pittige zalm, in blokjes gesneden
- 1/4 kop mango, in blokjes gesneden
- 1/4 kopje komkommer, in blokjes gesneden
- Pittige mayonaise om te besprenkelen
- Groene uien voor garnering
- Sesamzaadjes voor de topping

**INSTRUCTIES:**
1. Verdeel de gekookte sushirijst in een kom.
2. Leg de in blokjes gesneden pittige zalm, de in blokjes gesneden mango en de in blokjes gesneden komkommer erop.
3. Sprenkel de pittige mayonaise over de kom.
4. Garneer met gehakte groene uien en strooi sesamzaadjes.
5. Geniet van de gedeconstrueerde pittige zalmsushi bowl!

## 91. Gedeconstrueerde Rainbow Roll Sushi Bowl

**INGREDIËNTEN:**
- 1 kop sushirijst, gekookt
- 1/2 kop krab of imitatiekrab, versnipperd
- 1/4 kop avocado, in plakjes gesneden
- 1/4 kopje komkommer, in julienne gesneden
- 1/4 kopje wortelen, in julienne gesneden
- 1/4 kop mango, in plakjes gesneden
- Nori-reepjes als topping
- Sojasaus en ingelegde gember voor erbij

**INSTRUCTIES:**
1. Verdeel de gekookte sushirijst in een kom.
2. Schik de geraspte krab, plakjes avocado, julienne komkommer, wortels en mango erop.
3. Bestrijk met nori-reepjes.
4. Serveer met sojasaus en ingelegde gember ernaast.
5. Geniet van de kleurrijke en gedeconstrueerde Rainbow Roll-sushikom!

## 92. Gedeconstrueerde Garnalen Tempura Sushi Bowl

**INGREDIËNTEN:**
- 1 kop sushirijst, gekookt
- 1/2 kop garnalentempura, in plakjes gesneden
- 1/4 kop avocado, in plakjes gesneden
- 1/4 kopje komkommer, in julienne gesneden
- 1/4 kopje radijsjes, in dunne plakjes gesneden
- Tempura dipsaus om te besprenkelen
- Sesamzaadjes ter garnering

**INSTRUCTIES:**
1. Verdeel de gekookte sushirijst in een kom.
2. Leg de gesneden garnalentempura, avocado, julienne komkommer en gesneden radijs erop.
3. Giet de tempura-dipsaus over de kom.
4. Strooi sesamzaadjes ter garnering.
5. Geniet van de gedeconstrueerde garnalen-tempura-sushikom!

# 93.Pittige tonijn- en radijssushikom

**INGREDIËNTEN:**
- 1 pond sushi-tonijn, in blokjes gesneden
- 2 eetlepels gochujang (Koreaanse rode peperpasta)
- 1 eetl sojasaus
- 1 eetl sesamolie
- 1 theelepel rijstazijn
- 1 kopje daikon-radijs, in julienne gesneden
- 1 kopje erwten, in plakjes gesneden
- 2 kopjes Traditionele Sushirijst, gekookt
- Groene uien voor garnering

**INSTRUCTIES:**
1. Meng gochujang, sojasaus, sesamolie en rijstazijn om de pittige saus te maken.
2. Meng de tonijnblokjes met de pikante saus en zet 30 minuten in de koelkast.
3. Stel kommen samen met traditionele sushirijst als basis.
4. Beleg met gemarineerde tonijn, in julienne gesneden daikon-radijs en gesneden erwten.
5. Garneer met gehakte groene uien en serveer.

## 94.Sushi Bowl met gerookte zalm en asperges

**INGREDIËNTEN:**
- 1 pond gerookte zalm, in vlokken
- 1/4 kop sojasaus
- 2 eetlepels mirin
- 1 el ingelegde gember, fijngehakt
- 1 bos asperges, geblancheerd en in plakjes gesneden
- 1 kop kerstomaatjes, gehalveerd
- 2 kopjes Traditionele Sushirijst, gekookt
- Citroenpartjes ter garnering

**INSTRUCTIES:**
1. Meng de sojasaus, mirin en fijngehakte ingelegde gember voor de marinade.
2. Meng de gerookte zalm door de marinade en zet 15-20 minuten in de koelkast.
3. Maak kommen met gekookte traditionele sushirijst als basis.
4. Beleg met gemarineerde gerookte zalm, gesneden asperges en kerstomaatjes.
5. Garneer met partjes citroen en serveer.

## 95.Gedeconstrueerde Philly Roll Sushi Bowl

**INGREDIËNTEN:**
- 1 kop sushirijst, gekookt
- 1/2 kop gerookte zalm, in plakjes gesneden
- 1/4 kopje roomkaas, verzacht
- 1/4 kopje komkommer, in julienne gesneden
- 1/4 kop rode ui, in dunne plakjes gesneden
- Alles bagelkruiden voor topping
- Kappertjes voor garnering

**INSTRUCTIES:**
1. Verdeel de gekookte sushirijst in een kom.
2. Schik de gesneden gerookte zalm, zachte roomkaas, julienne komkommer en in dunne plakjes gesneden rode ui erop.
3. Strooi alles bagelkruiden voor de topping.
4. Garneer met kappertjes.
5. Geniet van de gedeconstrueerde Philly Roll-sushikom!

## 96.Gedeconstrueerde Dynamite Roll Sushi Bowl

**INGREDIËNTEN:**
- 1 kop sushirijst, gekookt
- 1/2 kop garnalen, in tempura gebakken of gekookt
- 1/4 kopje pittige mayonaise
- 1/4 kop avocado, in blokjes gesneden
- 1/4 kopje komkommer, in blokjes gesneden
- Tobiko (viskuit) als topping
- Groene uien voor garnering

**INSTRUCTIES:**
1. Verdeel de gekookte sushirijst in een kom.
2. Leg er in tempura gebakken of gekookte garnalen bovenop.
3. Sprenkel de pittige mayonaise over de kom.
4. Voeg in blokjes gesneden avocado en komkommer toe.
5. Bestrijk met tobiko.
6. Garneer met gehakte groene uien.
7. Geniet van de gedeconstrueerde Dynamite Roll-sushikom!

## 97.Gedeconstrueerde Veggie Roll Sushi Bowl

**INGREDIËNTEN:**
- 1 kop sushirijst, gekookt
- 1/2 kopje tofu, in blokjes gesneden en gebakken
- 1/4 kop avocado, in plakjes gesneden
- 1/4 kopje komkommer, in julienne gesneden
- 1/4 kopje wortelen, in julienne gesneden
- 1/4 kopje rode paprika, in dunne plakjes gesneden
- Sojasaus en sesamoliedressing
- Sesamzaadjes ter garnering

**INSTRUCTIES:**
a) Verdeel de gekookte sushirijst in een kom.
b) Leg de gebakken tofu, plakjes avocado, julienne komkommer, wortels en gesneden rode paprika erop.
c) Besprenkel met een mengsel van sojasaus en sesamolie voor de dressing.
d) Strooi sesamzaadjes ter garnering.
e) Geniet van de gedeconstrueerde Veggie Roll sushi bowl, een verfrissende en plantaardige optie!

## 98.Gerookte Makreel Chirashi

**INGREDIËNTEN:**
- ½ komkommer
- ¼ theelepel fijn zout
- 200 g gerookte makreelfilets, zonder vel, zonder vel
- 40 g ingelegde gember, fijngehakt
- 1 lente-ui (lente-ui), fijngesneden
- 2 theelepels fijngehakte dille
- 2 eetlepels geroosterde witte sesamzaadjes
- 800 g zee1d sushirijst
- 1 vel nori, in stukjes gescheurd
- donkere sojasaus, om te serveren

**INSTRUCTIES:**
a) Snijd de komkommer zo dun mogelijk en bestrooi met zout. Wrijf de komkommer lichtjes in en laat 10 minuten staan. Dit zal helpen om overtollig water uit de komkommer te verwijderen, zodat hij knapperig blijft.
b) Knijp het overtollige water met de hand uit de komkommer.
c) Breek de gerookte makreel in kleine stukjes.
d) Voeg de komkommer, gerookte makreel, ingelegde gember, lente-ui, dille en witte sesamzaadjes toe aan de rijst. Meng goed om de ingrediënten gelijkmatig te verdelen.
e) Serveer in individuele kommen of in 1 grote kom om te delen. Bestrooi met de nori en sprenkel er naar smaak donkere sojasaus over.

## 99.Oyakodo (zalm en zalmkuit)

**INGREDIËNTEN:**
- 400 g zee1d sushirijst

**TOPPINGEN**
- 400 g zalm van sashimi-kwaliteit
- 200 g gemarineerde zalmkuiten
- 4 baby-shisoblaadjes
- schijfjes limoen of citroen

**SERVEREN**
- gepekelde gember
- wasabi-pasta
- sojasaus
- reepjes nori (optioneel)

**INSTRUCTIES:**
a) Snijd de zalm in dunne plakjes. Zorg ervoor dat u dwars op de korrel snijdt om er zeker van te zijn dat de vis zacht is.
b) Doe de sushirijst in 4 afzonderlijke kommen en maak het oppervlak van de rijst plat. Beleg met sashimi-zalm en zalmkuit. Garneer met de baby shisoblaadjes en schijfjes limoen of citroen.
c) Serveer met ingelegde gember als smaakpapillenreiniger en wasabi en sojasaus naar smaak. Bestrooi eventueel met norireepjes voor meer smaak.

# 100. Pittige Kreeft Sushi Bowl

**INGREDIËNTEN:**
- 1½ kopjes (300 g) bereide traditionele sushirijst
- 1 theelepel fijn geraspte verse gemberwortel
- 250 g gestoomde kreeftenstaart, schaal verwijderd en in medaillons gesneden
- 1 kiwi, geschild en in dunne plakjes gesneden
- 2 theelepels gehakte groene uien (lente-uitjes), alleen groene delen
- Handvol spiraalvormig gesneden daikon-radijs
- 2 verse koriandertakjes (korianderreepjes)
- 2 eetlepels Drakensap of meer naar smaak

**INSTRUCTIES:**
a) Bereid de sushirijst en het drakensap.
b) Maak uw vingertoppen nat voordat u de sushirijst over 2 kleine serveerschalen verdeelt. Maak het oppervlak van de rijst in elke kom voorzichtig plat. Gebruik een lepel om ½ theelepel geraspte verse gemberwortel over de rijst in elke kom te verdelen.
c) Verdeel de kreeftmedaillons en de kiwi in 1/2. Wissel 1 1/2 van de plakjes kreeft af met 1 1/2 van de plakjes kiwi over de rijst in 1 kom, waarbij je een kleine ruimte onbedekt laat. Herhaal het patroon in de andere kom. Verzamel 1 theelepel gehakte groene uien aan de voorkant van elke kom. Verdeel de spiraalvormig gesneden daikon-radijs over de 2 kommen en vul de lege ruimte.
d) Om te serveren, steekt u 1 vers koriandertakje voor de daikon-radijs in elke kom. Schep 1 eetlepel Dragon Juice over de kreeft en kiwi in elke kom.

# CONCLUSIE

Nu je de laatste pagina's van 'De wereld rond in 100 rijstkommen' bereikt, hopen we dat je genoten hebt van de culinaire reis die je naar verre bestemmingen heeft gebracht en je kennis heeft laten maken met een wereld van smaken en tradities. Van de pittige straten van Bangkok tot de aromatische keukens van India: elke rijstkom biedt een voorproefje van het rijke aanbod van de mondiale keuken.

Maar onze reis eindigt hier niet. Wanneer u thuiskomt van uw culinaire avontuur, moedigen wij u aan om de gevarieerde wereld van rijstkommen te blijven verkennen en te experimenteren met nieuwe ingrediënten, smaken en technieken. Of u nu uw favoriete gerechten uit het boek nabootst of uw eigen culinaire creaties bedenkt, laat uw fantasie uw gids zijn terwijl u nieuwe gastronomische avonturen beleeft.

Bedankt dat je met ons meegaat op deze smaakvolle reis rond de wereld. Mogen de herinneringen aan de gerechten waarvan u hebt genoten op uw smaakpapillen blijven hangen, en moge de geest van culinaire ontdekkingstochten u blijven inspireren bij uw keukeninspanningen. Tot we elkaar weer ontmoeten, veel kookplezier en eet smakelijk!

www.ingramcontent.com/pod-product-compliance
Lightning Source LLC
Chambersburg PA
CBHW071904110526
44591CB00011B/1546